Le pouvoir
de l'intime
Conviction

5, rue des Allumettes
13090 AIX-EN-PROVENCE

www.terre-en-ciel.com
ISBN 978-2-9563380-8-6

Daniel Tahl

Le pouvoir de l'intime Conviction

La théorie du projecteur

TERRE EN CiEL
EDITIONS

Couverture :

Ricardo Navarro (Art Work)
Raphael Thieblemont (Art Work)

Du même auteur chez le même éditeur :

L'Homme à la tête de chat, 2018.

La lumière noire de Daniel Tahl, 2018.

Liens Internet :

Chaîne YouTube de Daniel Tahl :
https://www.youtube.com/channel/UClvNTTDB4QUCDQVtByCtxJg

(Simplement saisir « Daniel Tahl »
dans le moteur de recherche YouTube)

Blog de Daniel Tahl : www.danieltahl.com

Terre En Ciel Éditions : https://terre-en-ciel.com

Table des matières

Introduction 7
La théorie du projecteur 15
L'alignement avec le moi 23
Dix-sept 24
À la recherche de ses envies 28
Les montagnes de raison 28
Se tromper pour apprendre 30
Le bon sens de la vis 33
Première forme : L'interprétation du monde phénoménal 36
Deuxième forme : Le rejet de toute responsabilité sur l'extérieur 38
Troisième forme : le gourou 41
La transformation intérieure 45
L'honnêteté 49
La générosité 51
La droiture 53
Effort et volonté, courage 55
Les mauvaises herbes 55
Répercussion sur l'extérieur 59
L'Hydre de la peur 63
Le petit réservoir trouble à l'intérieur 64
Vaincre la bête 70
La peur de l'abandon 75
La peur de perdre ce que l'on a 76
La bête ne meurt jamais 79
L'Ultime vérité 81
Une étrange différence de perception 83
La différence entre savoir et conscience 86
Le choc de la conscience 88
La transformation du projecteur 90
La renaissance d'Alain Ducasse 91
Le rêve de Victor 92
La morsure du chat 94

La mort est imprédictible 96
Jérôme 97
Se rapprocher de l'ultime vérité 98
Le saut de la falaise 103
Introduction 104
L'origine du processus 105
Les montagnes de raison : l'ennemi numéro un 108
La croisée des chemins 111
Phase 1 : le saut 113
Phase 2 : le creux de la vague 114
Phase 3 : l'atterrissage 117
Conclusion 118
Le mental du guerrier 121
Introduction 122
L'ogre de Baku 123
L'évidence 126
Se lever tôt 126
Faire de l'exercice 128
Le culte des vertus 128
Le Zona 132
Le sanctuaire intérieur 134
Conclusion 139
Le pouvoir de l'intime conviction 141
La chance légendaire du Sam 142
Définitions 144
L'intime conviction 144
Les miracles 146
L'alliage des modules 149
La gestion des peurs 151
Le saut de la falaise 151
Le mental du guerrier 152
L'alignement avec le moi 153
L'apparition de l'intime conviction 155
La théorie du projecteur : une posture cartésienne 157
Conclusion 161
La conscience atomique 162
Existence et immortalité 164
Le libre arbitre 165

Introduction

— « Il faut positiver.

— Ah oui, mais à quoi ça sert ?

— Si je pense positif, j'attire le positif.

— Vraiment ? Mais comment cela ?

— Il faut réaliser ses rêves.

— Oui mais moi je n'ai pas de rêves !

— On peut construire notre réussite par la pensée.

— Sans blague ? »

On pourrait remplir des pages et des pages de toutes ces phrases devenues poncifs d'une spiritualité généraliste et qui ne nous sont malheureusement d'aucune utilité.

J'écris « malheureusement » car cela n'enlève rien à leur justesse ni à leur profondeur. On peut aussi réfuter une à une toutes ces assertions si elles ne sont pas justifiées par un solide raisonnement. Le scepticisme est légitime, et j'irai même plus loin en affirmant qu'il s'impose comme un devoir. De fait, toutes ces idées abstraites sont ainsi mâchonnées dans la bouche de donneurs de leçons sans le moindre échantillon de matière concrète.

Aujourd'hui, tous ces concepts plus ou moins vulgarisés et/ou youtubés, comme la « loi de l'attraction », sont comme un bon documentaire sur l'astronomie que l'on regarde en buvant une tisane avant d'aller se coucher, pour recommencer le lendemain à prendre le même café, le même métro, sans que rien ne change...

Il existe tant d'ouvrages sur la spiritualité, le mieux-être, l'ésotérisme, le développement personnel. Beaucoup sont brillants et proposent des théories fort intéressantes. Je salue au passage tous ces auteurs qui pour certains font de très sérieuses recherches. Je pense notamment aux théoriciens quantiques qui cherchent à réconcilier science et spiritualité dans une démarche des plus respectables.

Mais comment ne pas se noyer dans le grand bain de tous ces courants de pensées ?

Comment s'approprier tous ces concepts abstraits dans notre vie de tous les jours pour améliorer notre condition ?

Les *feel-good-books* se sont multipliés, portés par un marché mirifique engendré par la recrudescence de millions de chercheurs de pépites de bien-être, tandis que la ruée vers l'or spirituel enrichit principalement les marchands de pelles.

Soyons parfaitement clairs : notre société connaît une crise grandissante où le mot *burn-out* n'a jamais été autant entendu ni utilisé tous azimuts. Les anxiolytiques et antidépresseurs ont pris le pouvoir et sont quasiment en vente libre sur Internet.

Alors je me saisis de ma plume assumée pour pointer sans détour l'ultime raison du malaise.

L'épicentre du séisme n'est autre qu'une énorme frustration chez l'humain qui ne se sent pas heureux car il ne trouve ni sens à son existence, ni vraie satisfaction d'accomplissement.

En conséquence de quoi, il y a ceux qui manifestent dans la rue, accusant les politiques, ceux qui ont tout bonnement abandonné, et enfin ceux qui cherchent quelque chose, ailleurs...

Le fameux *Alchimiste* [1] de Paulo Coelho aura marqué à vie des millions d'esprits.

Robin Williams et son *Cercle des poètes disparus* [2] nous a donné une bonne leçon.

Chacun(e) doit poursuivre son idéal, « écrire sa légende personnelle », vivre ses rêves et non rêver sa vie, etc.

Oui, on a bien compris, mais c'est comme si ces érudits nous avaient lancés sur une route inconnue, au volant d'une voiture sans GPS ni permis de conduire. Nous sommes ensuite tombés en panne sèche, au milieu d'un gué, quelque part entre la fange et le Saint Graal.

L'idée de départ est pourtant la bonne et autant l'annoncer sur-le-champ : je suis un militant de ce courant de pensée. Je suis celui qui préfère mourir plutôt que d'être l'otage d'une vie sans passion.

Et je m'entends souvent dire : « C'est bien beau tout cela mais il faut tout de même gagner sa vie. »

Ce à quoi je réponds que si c'est pour s'ennuyer, cette vie ne m'intéresse pas.

Mais je pourrais également répliquer : « Parce que vous croyez que je vis de philosophie et d'eau fraîche ? » Ou encore : « Vous avez raison, ne faisons rien alors. »

Arrêtons-nous néanmoins un instant sur cette ode à la déprime qui englobe à elle seule raison et anéantissement de tout espoir. Car si cette réflexion pragmatique n'était pas sensée, elle ne serait pas aussi dangereuse.

Ils ont bien failli m'avoir, moi aussi, tous ces gens bien avisés capables d'aplatir, d'un seul trait de parole, le moindre relief d'espoir qui pousse en vous – tel le rouleau à pâtisserie écrasant une pâte encore molle pour la rendre lisse et sans défaut. Une fois que l'esprit est bien formaté, on met au four et c'est cuit !

---

[1] *L'Alchimiste*, éd. Anne Carrière, 1994.

[2] *Le Cercle des poètes disparus*, film américain réalisé par Peter Weir (1989), avec dans l'un des rôles principaux Robin Williams (1951-2014).

Si vous aussi avez été victime du rouleau à pâtisserie ;
Si vous avez aimé *L'Alchimiste* sans pour autant maîtriser la façon d'appliquer ses préceptes ;
Si vous rêvez du « lundi au soleil » mais que vous le passez derrière une vitre dans un bureau ;
Si vous vous sentez prisonnier(ère) de votre vie sans savoir comment vous en sortir ;
S'il vous reste un gramme d'espoir et que vous entendez, au fond de vous, une petite voix vous dire que tout est possible ;
Si vous ne croyez pas au hasard ;

Alors ce livre est fait pour vous.

Il n'y a pas de hasard en effet, et ces mots que vous êtes en train de lire s'adressent à vous en ce moment très précis où vous cherchez quelque chose, peut-être même à votre insu.

Laissez-moi vous démontrer, au fil de cet ouvrage, que tout est possible ; vous expliquer en langage clair pourquoi et comment vous avez le pouvoir de dessiner vos rêves dans la réalité. Ne vous fiez pas à la simplicité apparente de mon message, car c'est au cœur même de la simplicité nue que se cache la vérité.

« L'ultime vérité est à la fois invisible et présente tout autour de nous, comme un joyau inaccessible. En effet, sa lumière est recouverte par l'écrin d'un énorme paradoxe. L'évidence et l'apparente simplicité de ce qui suit cachent un trésor qui exige donc l'humilité de celui ou celle qui veut y accéder[3]. »

Juste avant de vous dévoiler mes secrets, j'aimerais vous raconter une petite histoire.

---

3 Extrait de mon livre *L'Homme à la tête de chat*, également publié chez Terre en Ciel Éditions (page 284).

Comme vous l'imaginez, prétendre en tant qu'auteur se faire une place parmi tous ces ouvrages savants, serrés comme des sardines au rayon « Épanouissement personnel » des points de vente du livre, peut paraître bien audacieux ! On pourrait peut-être bien, en forçant un peu, s'y insérer discrètement… mais comment sortir du lot ?

C'est pourtant ce que j'ai réussi à faire avec mon roman *L'Homme à la tête de chat* qui, à l'heure où j'écris ces lignes, est depuis un an dans le top 5 des ventes de ce même rayon !

Lorsque j'ai écrit ce livre, mon intention était double.

D'une part, j'avais un certain nombre de messages à délivrer, et j'ai choisi de le faire au travers d'une histoire racontée. Je pensais en effet qu'il serait plus efficace de véhiculer ces messages en les distillant dans un récit agréable à lire.

Ma seconde intention était plus subtile…

J'avais l'intime conviction que ce livre serait un best-seller et surtout, surtout… j'étais sûr et certain que la puissance de cette intime conviction allait créer ce miracle. C'est ce que l'on pourrait appeler la *métaconviction* : j'étais convaincu que la conviction gagnerait !

Alors je suis allé jusqu'au bout de mon idée pour apporter la preuve que ma théorie était juste.

Essayez de vous représenter en train d'annoncer à votre entourage que vous allez écrire un best-seller qui figurera parmi les meilleures ventes de livres, alors que personne ne vous connaît et que vous n'avez encore jamais écrit un seul roman ! Peut-être que votre conjoint(e) vous encouragera parce qu'il ou elle vous aime et que son cœur est rempli de bienveillance à votre égard… Mais le reste du monde vous rira au nez – et ça, c'est l'histoire de ma vie !

J'ai dû livrer une bataille terrible contre ces gens, que j'appelle les « brûleurs de rêves » ou les « montagnes de raison », pour leur prouver qu'ils se trompaient à chaque fois. Je ne m'étais pas rendu compte qu'en réalité, cette lutte constituait le fondement d'un chemin initiatique dont l'enjeu était d'acquérir une force intérieure capable de reléguer au rang d'euphémisme l'expression « confiance en soi ».

Il s'agit en effet d'un état très particulier, qui vous rend inarrêtable : tout ce que vous entreprenez réussit.

Un jour, un penseur anarchiste m'a dit : « L'humilité est un fil à la patte. »

J'ai fini par comprendre ce que cette assertion, *a priori* choquante, signifie. Car on m'a parfois traité d'arrogant. En réalité, il n'y a pas de honte à avoir confiance en soi et à s'affirmer comme un(e) gagnant(e). Si vous soutenez à quelqu'un que vous allez accomplir un miracle et que la probabilité pour que votre projet échoue est nulle, vous risquez fort d'être pris(e) pour un(e) doux(ce) rêveur(se). Si de surcroît, vous confortez vos propos en montrant ce que vous avez déjà accompli, il vous sera souvent répondu que vous êtes imbu(e) de vous-même ou que vous avez pris « la grosse tête ».

Aux yeux des gens qui n'ont rien fait de leur vie et qui ratent tout, vous serez cette personne arrogante. Pour celles et ceux qui réussissent, vous serez simplement une consœur ou un confrère apprécié(e).

Pour réussir à passer du rêve à la réalité – puisque c'est le thème de cet ouvrage – , il va donc falloir choisir votre camp, apprendre à ignorer les personnes qui vous montrent du doigt et les laisser derrière vous.

Si vous êtes déjà comme moi, alors vous vous sentirez moins seul(e).

Pour finir, je vais me présenter rapidement. Je suis Daniel Tahl, l'auteur du roman *L'Homme à la tête de chat*.

Mais je ne suis pas qu'un « auteur », comme certainement vous ne vous résumez pas qu'à une fonction ou à une étiquette sociale.

Je n'aime guère qu'on me demande : « Que faites-vous dans la vie ? »

J'ai fait tellement de choses complètement différentes en quarante-six ans, je suis tellement de personnes à la fois que je serais incapable de répondre à cette question.

Et encore moins à celle-ci : « Qui êtes-vous ? »

Je suis moi, et cela inclut tant d'éléments que serais bien en peine de me décrire moi-même.

Dans ma vie professionnelle, j'ai été : téléprospecteur, guitariste semi-professionnel, producteur de musique, agent de sécurité, steward à Air France, développeur de logiciels informatiques, auteur d'un livre [4] sur l'informatique et la méthode, consultant formateur. Ensuite je suis devenu un entrepreneur : j'ai monté une entreprise de trente personnes dans les TIC (Technologies de l'information et de la communication), puis ma maison d'édition (Terre En Ciel Éditions). Après cela j'ai écrit un roman, et maintenant je publie le présent ouvrage.

Je suis un joueur d'échecs et plongeur dans le bleu de l'océan Indien, contemplatif d'une matrice infinie, orthonormée et ondulée.

Je pourrais écrire un livre entier en oubliant des parties de moi-même que j'ignore encore peut-être.

Ce que je retiendrai – et tel était le but de mon propos – , c'est que je suis un spiritualiste ouvert à l'ésotérisme et à l'incroyable, mais aussi et avant tout un homme pragmatique et rationnel qui a commencé à écrire des programmes informatiques à l'âge de onze ans.

De ce fait, je n'aime pas les affirmations sans fondement rationnel ni les gourous à la langue bien pendue.

Je m'efforcerai donc ici de démontrer l'incroyable, de vous offrir en toute sincérité les outils de votre propre réussite, en veillant à ce que vous ressortiez de la lecture du *Pouvoir de l'intime conviction* convaincu(e)s et déterminé(e)s comme je le suis.

Vous avez été des centaines à m'écrire sur les réseaux sociaux, à laisser des commentaires à propos de mon roman *L'Homme à la tête de chat*.

[4] Sous un autre nom qui ne sera pas dévoilé ici.

Certain(e)s voulaient savoir ce que j'étais devenu et comment je me suis servi de la « force du guerrier » pour construire ma réussite. D'autres auraient souhaité davantage de conseils concrets en plus du récit de mon parcours initiatique. Sensible à vos requêtes, je viens vous livrer ce que vous attendiez : les « secrets du guerrier ».

Vous avez certainement entendu ou lu les témoignages de femmes et d'hommes au destin extraordinaire. Ces personnes remarquables racontent d'une seule voix la même histoire : elles ont construit leur réussite par la pensée. Si ce discours vous laissait dubitatif(ve), vous allez comprendre à travers ce qui suit qu'il ne saurait en être autrement !

La théorie du projecteur

Il n'y a pas de monde sans observateur.

Il y a trente ans environ, je discutais autour d'une tasse de thé avec ma tante qui est bouddhiste, lui faisant part d'une idée qui m'obsédait depuis quelque temps et sur laquelle j'échafaudais une théorie métaphysique pour le moins singulière.

Alors je lui disais ceci :

— « Tu es d'accord avec moi pour dire que si je n'étais pas là, vivant, pour regarder le monde, ce monde n'existerait pas, n'est-ce pas ?
— Oui, cela revient à dire qu'il n'y a pas de monde sans observateur. »

Je me suis toujours senti très proche des bouddhistes, car ils ont cette faculté de réconcilier la logique scientifique avec la spiritualité et ce qui peut parfois être considéré comme de l'ésotérisme.

« *Tout comme un orfèvre éprouverait la pureté de son or par un examen méticuleux, le Bouddha conseille de tester la vérité de ses paroles par un examen raisonné et par l'expérimentation personnelle. Par conséquent, lorsqu'il s'agit de valider la vérité d'une affirmation, le bouddhisme accorde la plus grande autorité à l'expérience, en deuxième lieu à la raison et en dernier aux textes*[5]. »

Comme je l'ai expliqué dans l'Introduction, je suis un spécimen hybride à cheval entre le cartésianisme et la spiritualité, un informaticien ouvert à l'ésotérisme.

Je me suis toujours posé ces questions existentielles : « Mais qu'est-ce que tout cela ? », « Qui [Que] suis-je par rapport à tout cela ? »

Autant d'interrogations qui, lorsque l'esprit s'y accroche, nous entraînent vers des abysses nous donnant très vite le tournis jusqu'à finalement décrocher, comme si ce niveau de profondeur de la pensée ne nous était pas autorisé.

---

[5] *Tout l'univers dans un atome : Science et Bouddhisme, une invitation au dialogue*, Sa Sainteté le Dalaï Lama, éd. Robert Laffont, 2006.

« Certaines voix qu'on avait fait taire depuis quelque temps n'attendaient pas de meilleure opportunité pour se faire entendre à nouveau. Plus je vieillissais, plus ces voix résonnaient en moi et murmuraient les mêmes questions, me donnant parfois des vertiges lorsque je me recueillais un instant pour mieux les entendre. Quelle était la signification de ma vie et de ce petit théâtre peuplé de personnages touchants ou indifférents[6] ? »

Je n'ai aucune idée de la provenance de ces questionnements qui ne semblent pas forcément naturels, surtout quand on a une vingtaine d'années.

En ce jour précis, cette simple phrase : « Il n'y a pas de monde sans observateur », a résonné en moi comme LE juste accord, pour ne plus jamais me quitter.

C'est ce qu'on appelle un axiome, à savoir un fait admis et qui sert de fondement à toutes les démonstrations qui en découlent en toute logique.

Une thèse que je soutiens depuis trente ans à qui veut l'entendre, et qui ne reçoit aucune réfutation. Mon approche peut sembler un peu simpliste, et l'on peut se demander quel est l'intérêt de ce postulat de départ.

Voici donc la *Théorie du projecteur*, dalle porteuse de cet ouvrage et de toutes les affirmations qui suivront, dussè-je passer pour un illuminé, j'assumerai devant le monde entier mes propos jusqu'à mon dernier souffle !

---

[6] Extrait de *L'Homme à la tête de chat*, page 52.

Il n'y a pas de monde sans observateur, et donc :

- ➔ Si je n'existais pas, le monde n'existerait pas, puisque je ne serais pas là pour l'observer.
- ➔ Donc, si demain je m'éteins et disparais, le monde extérieur disparaîtra aussi.
- ➔ Donc, je suis le dieu créateur de l'univers !

Je vous vois sourire !
Et vous m'objecterez logiquement :

— « Si tu meurs, je continue d'exister, et le monde continue d'exister avec ou sans toi ! »

SI TU T'ÉTEINS, MOI JE VOIS ENCORE LE MONDE !

Certes, mais j'ajouterai cette nuance qui fait toute la différence :

— « TON monde continue à exister, pas le mien. »

Nous observons tous notre propre monde à travers le prisme de nos yeux, depuis notre petit observatoire. Et le monde que nous observons en commun est l'intersection de nos mondes respectifs.

LE MONDE QUE NOUS VOYONS EN COMMUN

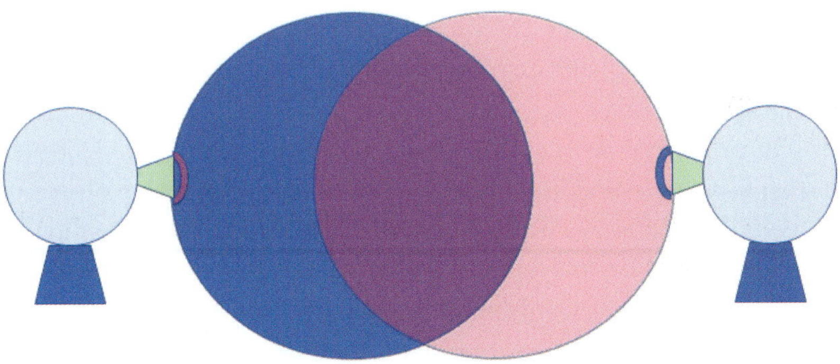

EST L'INTERSECTION DE NOS MONDES RESPECTIFS

Conclusion : nous sommes tous le dieu créateur de notre propre univers. Je vous laisse imaginer les répercussions de cette dernière assertion, en attendant les prochains chapitres qui expliquent comment et pourquoi nous sommes en capacité de créer des miracles dans la réalité.

Au cours de cet ouvrage, il se peut que vous trouviez des similitudes avec des concepts qui ne vous sont pas étrangers. Je pense par exemple à ce qui est communément nommé la « loi de l'attraction » – même si, en l'occurrence, le terme « loi » ne me convient guère, car selon moi, il doit être mérité par une démonstration scientifique, comme pour la « loi de Kepler » ou la « loi du mouvement de Newton ».

J'adopterai donc une posture plus humble en parlant de la *Théorie du projecteur* et non de la « loi du projecteur » ou de la « loi de la projection ».

Imaginez-vous confortablement installé(e) dans votre siège au cinéma. Vous regardez se dérouler sur un grand écran un film projeté par le projecteur de la salle obscure.

La *Théorie du projecteur* dit que ce que nous voyons à l'extérieur est le film de notre propre vie, celui que nous créons depuis notre intérieur, tel un projecteur.

Ainsi, nous sommes les producteurs du film de notre existence et tout ce qui nous arrive est lié à notre intériorité, à nous-mêmes. Nombre d'entre vous sont convaincu(e)s que le hasard n'existe pas : dans ce système de pensée, c'est une évidence dont on ne parle même plus ! Et pour tous les sceptiques ou autres contradicteurs, j'ajouterai qu'il est plus aisé de démontrer que le hasard n'existe pas plutôt que le contraire…

Les bouddhistes distinguent d'un côté le « monde de l'esprit » et d'un autre le « monde phénoménal[7] ».

Tout cela est donc parfaitement clair : il existe une production

[7] *Le Moine et le Philosophe*, Jean-François Revel et Matthieu Ricard, Nil Éditions, 1997.

incessante de nos pensées dans notre monde intérieur (monde de l'esprit), lesquelles génèrent un ensemble de phénomènes dans le monde extérieur (monde phénoménal).

Tout ce qui nous arrive est donc lié à nous, de manière inconsciente la plupart du temps. Le comprendre et l'admettre ne nous permettrait-il pas de provoquer consciemment ce qui survient dans le monde phénoménal ?

L'idée est séduisante mais à double tranchant. En effet, si l'on admet que tout ce qui se passe à l'extérieur n'est qu'une instanciation d'une intériorité abstraite, alors on doit aussi admettre que les phénomènes désagréables, voire tragiques, font partie de cette production interne.

Il y a quelques années, lors d'une conférence bouddhiste, le sujet fut clairement posé sur la table par le Lama Jigmé Rinpoché lorsqu'il parla des liens de cause à effet. Ce genre de débat sismique provoque en général de vives réactions. Je me souviens d'une spectatrice outrée qui prit la parole lorsqu'on lui prêta le micro :

— « Alors si mon fils a un cancer, c'est ma faute ? »

Il lui fut simplement répondu que dans l'univers, la notion de « faute » n'existe pas, il n'y a que le lien de cause à effet. La faute est une invention humaine.

Le lendemain de la tempête de 1999, un homme, constatant qu'un arbre s'est écroulé sur sa voiture désormais pliée en deux, s'exclame :

— « Mais qu'ai-je fait pour mériter cela ? »

Rien du tout, cher Monsieur ! Le vent se moque de notre côté matérialiste, il souffle et les arbres tombent. Le refus d'accepter les phénomènes naturels, comme la mort par exemple, nous conduit à ce genre de pensée dysfonctionnelle : « Où ai-je fauté ? »

Il n'y a pas de faute. Et rejeter la *Théorie du projecteur* parce que nous nous sentons coupables ne nous fera pas avancer. Ce n'est en réalité qu'un « motif de résistance » (j'emprunte le terme au jargon des psys). Au contraire, ce sont les modifications intérieures que nous voudrons bien apporter par notre remise en question qui nous conduiront au changement.

Au cours des chapitres à venir, je vous expliquerai comment le rêve rejoint la réalité, et de quelle façon il est possible de construire son propre destin en forgeant l'intime conviction. N'oubliez jamais l'axiome de base : « Il n'y a pas de monde sans observateur », car c'est le sommet d'une pyramide dont les exposés qui suivent ne sont que les pierres descendantes.

L'alignement avec le moi

Quand j'étais jeune, je voulais devenir une rockstar.
Je n'ai pas réussi à devenir une rockstar. Par contre j'ai réussi
à devenir moi, et c'est ce qui m'a rendu heureux.

Dix-sept

Il faut absolument que je vous raconte une histoire tirée de ma vie personnelle. Celles et ceux qui ont lu mon roman *L'Homme à la tête de chat* en connaissent les grandes lignes mais ne l'ont peut-être pas regardée sous cet angle de vue. Il faut dire qu'il m'aura fallu plus de trente années d'existence pour pouvoir moi-même m'y employer et en saisir le sens caché.

Un recul sur sa propre vie est nécessaire pour pouvoir la regarder ainsi : comprendre que ce qui, à l'époque, fut vécu comme une profonde injustice, n'était en fait qu'une leçon devant me rapprocher de mon propre accomplissement.

J'avais dix-sept ans et je sortais d'une salle de cinéma où venait d'être projeté *Le Cercle des poètes disparus* [8]. Ensuite, j'ai lu *L'Alchimiste* [9] de Paulo Coelho. Alors je me suis laissé pousser les cheveux et j'ai redoublé ma première S.

Logique.

Ensuite, j'ai rencontré celui qui fut mon ami, mais aussi mon guide à l'époque : Chinh.

Je pense que la rencontre avec ce type d'être ne peut avoir lieu que quand on est parfaitement prêt. J'irai même beaucoup plus loin, en alignement avec la *Théorie du projecteur* : j'ai dû provoquer cette apparition dans le monde phénoménal, en parfait accord avec ce que j'attendais au plus profond de moi.

Chinh n'avait besoin d'aucun livre ni d'aucune leçon de développement personnel pour me dire qu'il fallait suivre nos rêves et que la vie était conçue pour être heureux, qu'il suffisait de faire ce qui nous tenait à cœur. Il l'avait déjà intégré depuis longtemps. Mais depuis quand, puisqu'il avait dix-sept ans ? Existe-t-il donc des êtres qui naissent avec cette conscience déjà aboutie ? Bref, évitons pour l'instant de digresser dans cette direction !

Je venais de découvrir la guitare électrique et cet instrument avait

[8] *Op. cit.* page 9 du présent ouvrage.

[9] *Op. cit.* page 9 du présent ouvrage.

déclenché chez moi une passion sans précédent. Alors la suite, vous vous en doutez…

Mon père disait que c'était du grand n'importe quoi et qu'à moins d'être un génie comme Jimi Hendrix ou d'avoir des relations dans le show business, c'était perdu d'avance. Lui, il me conseillait plutôt d'être pilote de ligne ou chirurgien.

Pas question, il fallait écrire sa « légende personnelle » et la voix de Robin Williams résonnait en moi. Dans « légende personnelle », il y a *personnelle*. Pardon Paulo, ça a dû m'échapper à l'époque.

Je me suis donc accroché à mon rêve et lorsque j'ai vu Joe Satriani pour la première fois en concert, il n'a plus subsisté l'ombre d'un doute : je voulais être « ça » ! En fait, sans m'en rendre compte, je voulais être LUI, ou l'un de ses confrères Guitar Hero (Steve Vai par exemple).

Un proverbe dit : « Celui qui marche dans les pas d'un autre ne laisse aucune trace. »

Ensuite, sept années ont passé et je me suis retrouvé sans rien. Je n'ai pas réussi à devenir guitariste professionnel et encore moins un Guitar Hero. Alors j'ai fait une dépression, et c'est profil bas que j'ai dû me résoudre à prendre un job pour survivre. À l'époque, je me suis retrouvé agent de sécurité dans le parking d'une banque.

D'accord, il n'y a pas de sot métier, et loin de moi l'idée de mépriser quiconque. Seulement vous pouvez imaginer le décalage entre cette réalité et mes rêves de rockstar, la déception d'un enfant dont on a brisé le cœur. Ce n'est pas ce qui était prévu ! On m'avait dit qu'il fallait suivre ses envies… Je les ai maudits, ces érudits commerciaux, ces vendeurs de rêves, j'en voulais à tout le monde, à la vie.

Alors j'ai quand même continué à exister, meurtri, aigri et obligé. Puis j'ai trouvé un emploi dans l'informatique. Après une phase d'amorce difficile où « je suis un raté » était ma chanson préférée, je finis toutefois par m'intéresser à ce pourquoi on me payait.

Sept ans après, je suis devenu freelance dans l'informatique et gagnais bien ma vie. Malgré cela, désireux de faire une pause, j'ai plaqué une super mission dans la finance. J'avais très envie d'écrire un livre sur mon métier et plus précisément sur la méthode. Quand j'ai annoncé mon intention, je me souviens bien de ce petit rictus tant détesté venu orner la bouche de certains... Or après avoir achevé la rédaction de l'ouvrage, j'ai trouvé un éditeur en huit jours. Mon téléphone a sonné : un directeur de collection m'appelait pour prendre rendez-vous.

Il y a tant d'auteurs ; plus que de lecteurs, paraît-il, selon une personne que j'ai rencontrée des années plus tard dans le monde du livre.

Alors comment est-ce possible ?

Pourquoi d'un côté me suis-je heurté à un mur en béton armé et de l'autre, des portes tout aussi dures à pousser se sont-elles ouvertes ?

J'ai mis du temps à le comprendre : ce n'était pas moi.

Non, je ne suis pas Joe Satriani ou Steve Vai. En cherchant à exister à travers un autre, je m'étais éloigné de moi.

La rockstar n'est qu'un exemple, mais il en existe tant d'autres. On peut ainsi se créer un personnage à partir de n'importe quelle situation : être un super flic comme dans *L'Arme fatale*[10], un boxeur comme *Rocky*[11], un juge, un pilote, un grand professeur de science. Vous pouvez vous déguiser en n'importe quoi et exister à travers chacune de ces représentations, passant ainsi à côté de vous-même si cette chose n'est pas vous.

J'ai bien réussi dans l'informatique et monté une société qui fait travailler trente personnes. Tout cela s'est réalisé naturellement, je n'ai jamais « ramé » ni travaillé quinze heures par jour. Et puis ensuite, comme l'écriture me titillait toujours, j'ai rédigé mon premier roman : *L'Homme à la tête de chat*. Le succès a été au rendez-vous. J'étais persuadé qu'il le serait, depuis la première ligne jusqu'à la dernière.

Je tiens à préciser que je n'ai jamais nourri l'ambition de devenir écrivain. J'ai juste fait ce que j'avais envie de faire et ce pourquoi je sentais que j'étais bon.

C'est là la clé : je n'ai pas cherché à *devenir*, j'ai été – simplement.

[10] Film américain de Richard Donner, 1987.

[11] Série cinématographique dont le personnage principal est incarné par Sylvester Stallone.

Ensuite, je me suis rappelé les années qui ont précédé mes dix-sept ans et toutes ces choses que j'avais enterrées dans un coin de ma mémoire. J'avais eu dix-sept sur vingt à l'écrit du bac français alors que je ne fichais rien en première S. Je me suis également souvenu que j'avais commencé la programmation à l'âge de onze ans et que ça me passionnait.

Chaque fois que j'ai réussi quelque chose dans ma vie, c'est parce que je n'ai pas cherché à devenir un tel ou un tel, ceci ou cela. J'ai juste fait ce que j'avais envie de faire sur le moment, et la réalité s'est alignée comme par magie.

Si l'on revient à la *Théorie du projecteur*, tout cela est parfaitement cohérent.

« *Quand on nourrit une contradiction intérieure, l'extérieur répond de la même manière*[12]. »

En s'éloignant de soi, on crée une distorsion à l'intérieur qui se répercute de façon chaotique sur l'extérieur. Et ce que l'on tente de réaliser n'est pas en alignement avec le moi. Le résultat est l'échec, malgré notre volonté, si grande soit-elle.

On dit souvent « les planètes sont alignées ». C'est une représentation astrale de ce que je viens d'expliquer.

Lorsque la flèche de l'arc et la cible sont alignées avec le lanceur, la flèche touche sa cible en plein cœur.

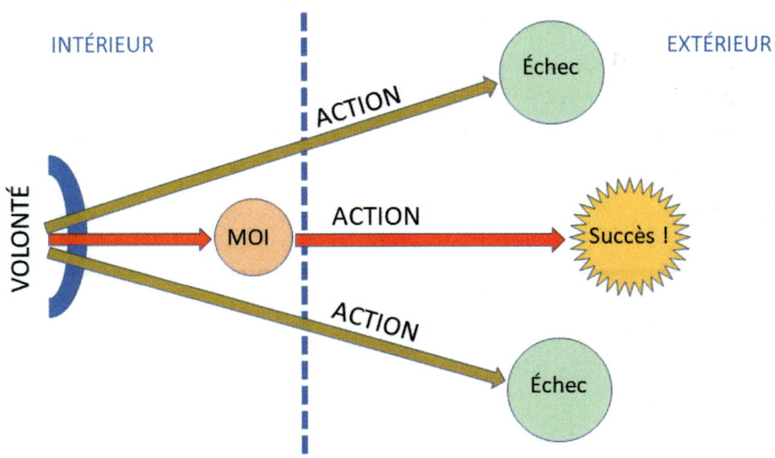

[12] *L'Homme à la tête de chat*, page 187.

À la recherche de ses envies

Trouver qui l'on est vraiment constitue un vrai sujet. Dans la quête de l'accomplissement de soi, c'est un préliminaire indispensable. On ne peut pas réussir ce que l'on entreprend si on ignore ce pour quoi on est fait.

Mais comment le savoir ? De quelle façon parvenir à cet état où tout devient facile et surtout possible ?

Il m'a toujours semblé si naturel de suivre mes passions que quand je cherche à aider quelqu'un que j'aime pour qu'il s'épanouisse, je lui demande systématiquement :

— « De quoi as-tu envie ? »

Et je suis toujours désorienté quand l'autre me répond :

— « Mais je n'ai pas d'envie particulière, je ne suis pas comme toi. »

J'ai toujours pensé que ce n'était pas vrai. Le cœur dicte ses envies, et chacun est pourvu d'un cœur.

C'est simplement que pour certains, le cœur est recouvert par tant filtres qu'il en devient inaudible. Beaucoup ne croient pas en eux. Et en général, on nous inculque que « dans la vie, on fait ce qu'on peut, pas ce qu'on veut [13] ».

Les montagnes de raison

Il existe dans la vie une catégorie de personnes que je n'aime pas. Je les appelle « les montagnes de raison ». Vous les avez sans doute rencontrés : ce sont ces gens qui savent toujours mieux que vous ce qu'il est bon de faire ou non vous concernant.

[13] « Le Blues du Businessman », *in* : *Starmania*, comédie musicale de Michel Berger, 1979.

Voici un de mes passages préférés de *L'Homme à la tête de chat* (page 42):

« J'avais commencé la musique tardivement et n'avais jamais appris le solfège ni toutes ces choses qu'il aurait fallu aborder très jeune pour qu'un tel projet fût crédible aux yeux de ceux qui savent toujours pour vous ce qui est bien de faire ou non. Car ces gens qui n'ont rien fait de leur vie se sentiront toujours mieux si les autres autour d'eux roulent sur la même route en bitume sur laquelle ils s'ennuient depuis si longtemps qu'il leur est maintenant impossible de faire demi-tour.

Si tout à coup ils se trouvaient seuls sur leur chemin raisonnable et que par malheur vous accédiez au bonheur en empruntant la voie devant laquelle ils ont renoncé par manque de courage, ils seraient alors convaincus qu'ils ont gâché leur vie et en mourraient. »

Ces gens sont des tueurs d'envie, capables d'étouffer d'un seul trait de parole une petite flamme qui luit en vous et qui pourrait éclairer un destin merveilleux.

Et là vous me rétorquerez : « Oui, mais si tu les avais écoutés quand tu étais jeune, cela t'aurait évité de te casser les dents avec ton projet de rockstar ! »

Résolument non.

Car d'une part si je n'avais pas essayé, je l'aurais regretté toute ma vie, ne sachant pas à quoi cela me mènerait.

D'autre part – et c'est là le point clé : je n'aurais jamais compris tout ce que je vous ai expliqué plus haut sur le danger de vivre à travers des représentations qui éloignent de soi. Et surtout, je n'aurais pas trouvé qui je suis vraiment.

Pire encore : on vous a peut-être dit un jour que vous étiez un(e) bon(ne) à rien. Les brûleurs de rêves, les « montagnes de raison » sont partout ! Ne les écoutez pas. Fuyez-les ! Ils voudraient que vous soyez comme eux parce que ça les rassurerait. Ils n'ont en général rien fait d'intéressant de leur vie et si vous leur prouviez qu'on peut réussir en suivant ses envies, ils rumineraient leurs renoncements et en mourraient de dépit !

Je n'imagine pas que l'on puisse n'avoir aucune envie, je pense qu'on fait taire nos désirs. Et derrière ce « on » se cache souvent le manque de confiance en soi.

On redoute aussi de quitter sa zone de confort, on a peur de perdre ce que l'on a. J'aborderai le problème des peurs plus loin car il mérite bien un chapitre entier.

Quitter le costume du banquier pour faire de la mécanique n'a rien de simple, n'est-ce pas ?

Pour que le papillon s'envole, il doit quitter sa chrysalide, se débarrasser de son carcan.

En n'écoutant pas son cœur et en s'éloignant de soi, le risque est d'aboutir au pire, à savoir se construire une prison en s'enferrant dans une situation qui nous empêche de vivre. Car il est indéniablement plus simple d'aller à la poursuite de ses rêves quand on a dix-sept ans que lorsqu'on en a quarante, avec trois enfants à charge et le crédit de la maison à payer.

Pourtant, aucune situation ne devrait nous empêcher de réaliser ce à quoi nous tenons vraiment. Non mesdames et messieurs, je ne suis pas un facteur aggravant de la fameuse « crise de la quarantaine ». Si vous aimez la personne qui partage votre existence et que vous la sentez malheureuse, soutenez-la dans ses projets intimes, car si vous tentez de la menotter, immanquablement vous la perdrez. Soyez solidaire avec celui ou celle que vous aimez, même si vous pensez qu'il ou elle commet une erreur.

Car c'est justement au travers de nos erreurs que nous retenons les meilleurs enseignements de la vie.

Se tromper pour apprendre

J'en arrive de fait à un point crucial : il est important de se tromper. Car c'est comme cela qu'on apprend. Le Dalaï Lama dit : « Oubliez les échecs, gardez les leçons. » Un de mes professeurs d'échecs disait : « Si tu gagnes, tant mieux, si tu perds, tu apprends, ce qui est encore mieux ! »

Comment savoir qui on est si on n'a rien essayé, rien tenté ?

J'ai fait un gros tas d'erreurs dans ma propre vie, avec souvent ce mauvais réflexe de me dire : « J'ai fait le mauvais choix. »

Il n'existe pas de « mauvais choix », il n'y a que nos choix, qui nous mèneront à un point de notre chemin, puis à un autre, et c'est cet ensemble de points qui trace la courbe de notre destinée.

Si l'on sait regarder l'échec comme une leçon, en cherchant à décrypter le message qu'il recèle, alors il est possible d'aller vers un meilleur destin et de tracer cette merveilleuse route que peut incarner la vie. Et ce n'est qu'avec le recul que procurent les années, en observant ce tracé, que l'on comprend à quel point il était nécessaire de passer par tous ces points intermédiaires pour arriver au moi.

Comment voulez-vous, par exemple, qu'un enfant se découvre une passion pour quoi que ce soit s'il n'est inscrit à aucune activité ? Il essaiera le judo durant une année, puis passera peut-être aux échecs ou au dessin… L'éducation devrait à mon sens avoir cette fonction : aider nos enfants à savoir ce pour quoi ils sont faits. Cela éviterait peut-être la « crise de la quarantaine » !

En conclusion de ce chapitre, je dirai que comme constaté dans maints domaines, la découverte de qui l'on est semble être un préliminaire à la réussite, puisque toute chose entreprise en décalage avec le moi conduit à l'échec.

Parallèlement, c'est bien la chose entreprise qui permet d'aiguiller la quête de soi, sachant que tout échec ne fera que nous rapprocher du jour où nous finirons par découvrir qui nous sommes vraiment.

Et ce jour-là, tout ce que nous entreprendrons, **dans l'alignement du moi**, se soldera par un franc succès.

Le bon sens de la vis

C'est la faute de l'autre !

Ce chapitre peut être considéré comme une phase préparatoire à la réalisation de miracles dans le monde phénoménal. Car pour ce faire, il va falloir se débarrasser de certaines mauvaises habitudes et changer en profondeur notre façon de réagir face à lui. Mon propos n'est pas de me montrer en exemple et de vous dire comment il faut penser. Ces mauvaises habitudes, ces mauvais réflexes face au monde phénoménal, je les ai aussi ! J'ai simplement compris qu'ils sont toxiques, constituant un frein, et non des moindres, dans notre évolution.

Voici trois exemples courants de formes de pensées qui vont à contresens :

« Ce qui vient d'arriver est ma faute… »

« C'est la faute de l'autre ! »

« Cette personne va améliorer ma condition.»

Pour comprendre d'où proviennent ces erreurs de conception fondamentales, reprenons notre *Théorie du projecteur.*

Nous avons posé comme axiome qu'il n'y a pas de monde extérieur sans monde intérieur. Nous en avons déduit logiquement que nous sommes tous le dieu créateur de notre univers.

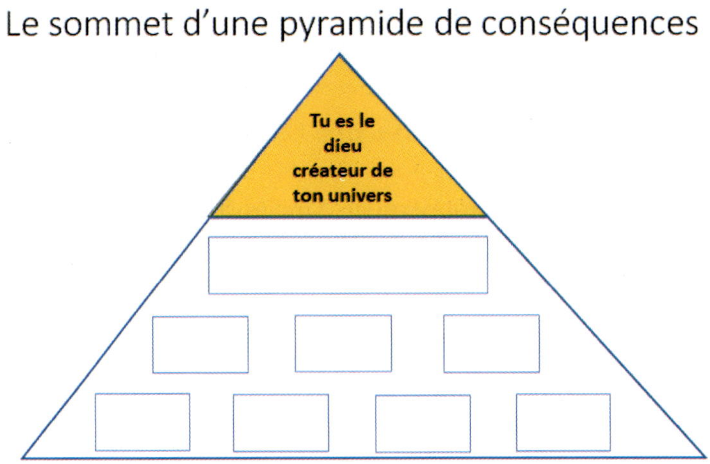

Cette hypothèse, si on la considère comme telle, est la pierre au sommet d'une pyramide de déductions logiques, une arborescence de conclusions fondamentales dans notre cheminement.

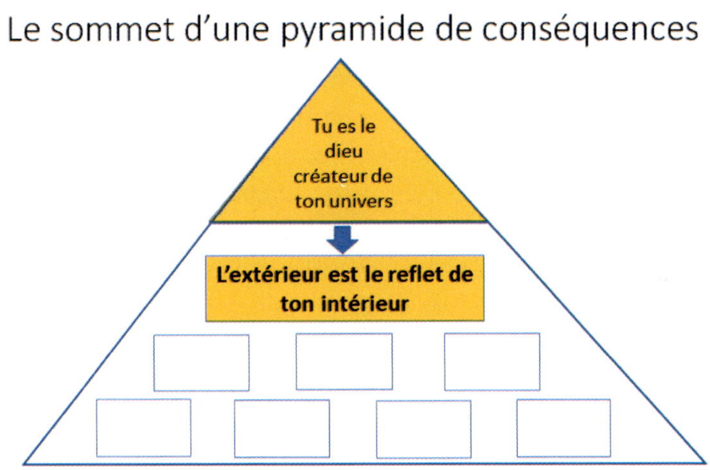

La première est que si nous sommes le dieu créateur de notre univers, le monde extérieur (ou monde phénoménal) est le reflet de notre intérieur, puisque c'est nous qui le créons.

Première forme : L'interprétation du monde phénoménal

Si incroyable ou inconcevable que cela puisse paraître, il faudra passer par cette acceptation pour pouvoir avancer.

C'est « la » pierre d'achoppement dans notre évolution : comment admettre que les pires choses observées dans le monde phénoménal ont un rapport avec nous ?

Pour la plupart d'entre nous, le point de blocage se situe exactement à cet endroit, érigé par un élément bien précis : L'INTERPRÉTATION.

Attardons-nous donc un peu sur ce sujet, afin de tenter d'expliquer et de limiter les résistances illégitimes surgissant et se nourrissant de notre fâcheuse tendance à vouloir tout interpréter.

Ainsi que nous l'avons vu dans le chapitre « La Théorie du projecteur », ce n'est pas parce que quelque chose de terrible se produit que nous devons en porter la faute. Si par exemple un de vos proches décède, vous n'êtes pas pour autant responsable de sa mort ; vous ne l'avez pas « tué ». La mort fait partie de la vie et de l'évolution naturelle de l'homme. Les plantes poussent et meurent, à plus ou moins courte échéance. Devrait-on pour cela porter systématiquement le deuil ?...

Si quelqu'un se tue au volant de son véhicule et que vous en êtes témoin, peut-être prendrez-vous simplement conscience que la voiture est un moyen de transport très dangereux.

Lorsque nous roulons à cent trente kilomètres heure sur l'autoroute, mesurons-nous pleinement le danger encouru ?

Sommes-nous réellement conscients de notre état de fragilité, eu égard aux lois de la physique dans un système pseudo-isolé ?

Posez-vous honnêtement ces questions.

À quatre-vingt-dix kilomètres heure, une voiture allemande qui percute un arbre est coupée en deux !

Bien entendu, si nous avions constamment tout cela à l'esprit, nous en serions paralysés ou entravés dans notre quotidien. Sans aller jusqu'à y penser en permanence, tâchons toutefois de nous en souvenir de temps en temps, et nous éviterons ainsi beaucoup de drames.

Bon nombre de phénomènes tragiques constituent des avertissements dont nous devrions tenir compte au lieu de nous culpabiliser.

Autre exemple : votre patron vous harcèle au bureau.

Il existe beaucoup de façons d'interpréter ce phénomène, mais en voici trois :

— « Cela fait longtemps que j'aurais dû changer de travail et de vie. »
— « Je suis trop fragile et je dois apprendre à me défendre car ceci fait partie de mon évolution. »
— « Ce type est un monstre et va me mener à la dépression. »

Les deux premières interprétations sont une tentative de compréhension d'un effet miroir qui peut éventuellement amener à un progrès et donc à une amélioration.

La troisième n'amène rien, elle ne fait que pointer du doigt le phénomène en le dénigrant.

S'il est des cas où vous pensez malgré tout pouvoir tirer parti d'une situation en l'interprétant, pourquoi pas… Mais en regard de l'affirmation de base selon laquelle « l'extérieur est le reflet de notre intérieur », ma recommandation expresse est la suivante : **ne cherchez pas à interpréter ces phénomènes !** Pour la plupart d'entre eux, leur compréhension directe ainsi que les liens de causes à effets relèvent du divin et ne sont pas à notre portée. Imaginer les décrypter témoigne de la prétention humaine. Non seulement il est illusoire de tenter d'obtenir des réponses à toutes les questions posées dans le temps présent, mais de surcroît, comme le note l'écrivain Mario Benedetti : « Quand on croit que l'on a toutes les réponses, soudain, les questions changent. »

Au chapitre « L'alignement avec le moi », j'ai expliqué que trente années m'ont été nécessaires pour comprendre que ce que je regardais à l'époque comme une injustice correspondait en réalité à une pure logique au sein même de mon cheminement initiatique. C'est seulement aujourd'hui que je peux appréhender la raison pour laquelle il me fut jadis impossible de trouver réponse à ma question : « Mais pourquoi cela ? »

En effet, comment pourrait-on restituer une leçon que l'on n'a pas pris le temps d'apprendre ?

Alors, plutôt que de vouloir à tout prix comprendre tout ce qui se passe à l'extérieur, contentons-nous pour l'instant de nous concentrer sur notre intérieur afin d'y travailler. Le reste viendra en temps voulu.

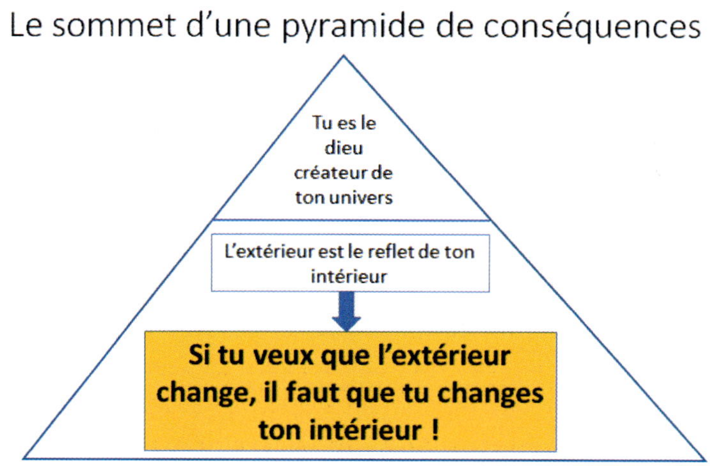

Deuxième forme : Le rejet de toute responsabilité sur l'extérieur

On l'a tous fait et moi le premier – désigner un ou une responsable de notre malheur : « C'est la faute de l'autre ! »

Pour illustrer cette « Deuxième forme », l'exemple le plus flagrant venu à mon esprit est celui du couple.

De nos jours, près de 45% des mariages se soldent par un divorce [14]. Parmi les couples qui restent ensemble, beaucoup le font par obligation : pour les enfants, pour garder la maison, pour ne pas être à la rue, etc.

Mon grand ami psychiatre (le docteur Ferrano dans mon roman *L'Homme à la tête de chat*) me confiait d'ailleurs, lors d'une de nos séances, que le couple compte parmi les choses les plus complexes au monde !

Si comme moi vous avez divorcé deux fois, ou que vous éprouvez d'énormes difficultés avec votre conjoint(e), vous êtes dans la normalité ! « C'est normal ! » comme dirait Anthony Kavanagh, un de mes humoristes préférés [15].

J'ai bien connu les souffrances qu'une relation qui ne fonctionne pas peut engendrer.

Vous remarquerez que je désigne volontairement la ***relation*** et non ***l'autre***.

Car qu'entend-on le plus souvent ? « Je suis encore tombée sur un salaud », « Je n'en pouvais plus d'elle », ou encore, de façon récurrente ces derniers temps : « J'ai eu affaire à un pervers narcissique ».

Bien entendu, j'ai moi aussi eu cette attitude consistant à tenir l'autre pour *seul responsable* de l'échec relationnel.

Lorsqu'un couple se sépare, en butte à tous les ressentiments qui plombent généralement la rupture, il est sur le moment très difficile de définir la part de responsabilité de chacun. Et ce d'abord parce que notre premier réflexe est de rechercher quelle « faute » a été commise. Toujours ce maudit concept de « FAUTE » ! Si vous avez trompé votre conjoint(e) et qu'il ou elle vous a jeté(e) dehors, ou si vous lui avez cassé une bouteille de vin sur la tête, alors oui, il est assez aisé de repérer qui a « fauté » ! Mais dans une large majorité de cas, les causes de l'échec relationnel sont beaucoup plus complexes à identifier, beaucoup plus sournoises aussi.

---

[14] En 2016, selon les chiffres communiqués par l'Insee.

[15] Dans le sketch : « L'accouchement ».

Pour illustrer ces propos, je ne pourrais choisir meilleur exemple qu'en citant mon propre cas, quitte à vous dévoiler une fois encore mon intimité.

Si vous avez lu *L'Homme à la tête de chat*, vous savez que j'ai été élevé par une mère seule, mon père étant parti peu de temps après ma naissance. De surcroît, j'étais enfant unique.

« *Elle et moi nous nous sommes aimés. J'étais le soleil de sa vie et elle mon univers tout entier. Lorsque l'on est le fils unique d'une femme autoritaire qui vous a désiré en dépit d'un départ prévisible du père, vous n'êtes pas seulement un fils mais un roi. Je fus celui d'une reine qui m'éleva pour faire de moi un prince, bien élevé et aimable*[16]. »

Ou encore :

« *Ainsi, tels deux vieux époux, nous avions nos petites habitudes et rituels inébranlables tels le marché du dimanche ou les soirées plateau-télévision main dans la main. Étais-je une sorte d'amant ? Bien qu'il n'y ait jamais eu de relation incestueuse entre elle et moi, on pourrait légitimement se poser la question*[17]. »

Le problème de ces relations fusionnelles avec la mère quand on est jeune, c'est qu'on a souvent tendance à rejouer le même scénario plus tard avec son conjoint. La recherche inconsciente de sa maman ou de son papa dans la relation amoureuse relève du poncif psychanalytique.

Et quand en plus on souffre de la blessure de l'abandon, nul besoin d'être devin pour imaginer les désastres relationnels en découlant : tyrannie, crises d'angoisse dès que l'autre sort le soir sans vous, tentative de contrôle de la personne pour l'avoir toujours avec soi, quitte à l'étouffer, etc.

La liste de tous ces comportements toxiques, véritables poisons du couple, est très longue et on pourrait écrire une encyclopédie avec.

---

[16] *L'Homme à la tête de chat*, page 12.

[17] *Ibid*, page 19.

J'ai souffert et j'ai fait souffrir. Mais sur le moment, ai-je été capable de pareille analyse, et de porter ce regard sur moi-même ?

Non bien évidemment ! J'ai simplement rejeté tous les torts sur « l'autre ».

En réalité, il m'a fallu une vingtaine d'années pour cerner toutes ces choses, pour comprendre que ces expériences de couples et les mésaventures que l'on vit sont un parfait reflet de ce que nous sommes.

On ne rencontre pas « l'autre » par hasard, mais bel et bien parce que c'est exactement la personne qu'il nous faut pour jouer nos petits scénarios névrotiques.

Une fois que la bonne claque est prise, nous sommes d'abord en colère. Passé ce stade, il nous appartient d'essayer de nous regarder à travers ces expériences, afin de décrypter la manière dont nous nous comportons.

Dans mon propre cas, ai-je commis une quelconque « faute » ?

Non, pas du tout. J'ai reproduit un schéma classique de relation fusionnelle, j'ai joué mon propre scénario avec celles qui voulaient bien jouer le leur avec moi.

Pour vous comme pour moi, il y a là une évidence : NI FAUTE ni culpabilité !

Reconnaître que nous sommes le projecteur de notre propre réalité – et que ce qui nous arrive ne tient pas de la malchance ou du hasard – est une pensée constructive : grâce à elle, nous pourrons peu à peu corriger nos comportements pour trouver une forme d'harmonie et de paix intérieure avec un(e) conjoint(e) qui sera le reflet de cette intériorité, pour le meilleur cette fois !

Troisième forme : le gourou

La troisième forme de recherche à contresens est une des plus dangereuses : nous sommes en effet parfois enclins à croire que nous reposer sur une instance extérieure peut améliorer notre condition.

Dans une quête spirituelle, l'on rencontre très fréquemment sur son chemin un être dont la brillance et l'état vibratoire sont hors du commun.

Pour avoir fait partie d'une secte étant jeune, je pense connaître ce sujet et pouvoir partager cette expérience avec vous. J'y ai consacré plusieurs chapitres dans *L'Homme à la tête de chat* mais il me semble important d'y revenir, afin de replacer l'ensemble dans le contexte de la *Théorie du projecteur*.

Quand on rencontre un être « exceptionnel », se laisser porter par une forme de guidance est très tentant. Car c'est indéniable : si cet être placé sur votre route ne portait pas en lui une partie de conscience universelle, s'il ne détenait pas quelques vérités, il ne vous intéresserait pas et n'aurait aucun pouvoir sur vous.

Fragilisé(e)s ou simplement en quête sincère de *l'Ananda* [18], nous pourrions bien nous reposer sur le maître et bientôt ne plus compter que sur lui.

La conscience n'est pas une potion magique que l'on peut ingurgiter en buvant les paroles de l'autre ; elle s'acquiert par notre expérience propre et notre capacité à la regarder de l'intérieur.

Le bien-être durable n'est pas un chapelet qui se passe de la main à la main ou qui se reçoit comme un bain de rayons ultraviolets.

Gourous ou hommes politiques : beaucoup de personnes comptent encore sur eux pour améliorer leur vie !

Au sujet de la politique, ouvrons juste une rapide parenthèse, sans porter le moindre jugement. Les critiques et insultes visant le président de la République pullulent. Deux mois seulement après son élection, on lui jetait des pierres, il dégringolait dans les sondages. Que de déceptions et de frustrations si tôt apparues…

C'est bien la preuve que si nous comptons trop sur le système pour améliorer notre vie, nous n'obtiendrons que désillusions et rancœurs.

Abandonner l'idée que ces personnages ou ces situations constituent une solution à vos problèmes vous paraît probablement très difficile.

---

[18] En sanskrit : « Félicité », « Bonheur ».

Mais vous y récoltez au passage une excellente nouvelle : désormais, vous n'avez plus besoin de personne, en dehors de vous-même, pour changer votre existence !

Vous n'êtes plus dépendant(e) de ces instances extérieures et quoi qu'elles disent ou fassent, vous allez réussir votre vie et être heureu(se)x !

D'une manière générale, compter sur un être extérieur pour améliorer notre condition est source de déconvenues et d'insatisfactions. Dans le pire des cas, cela peut conduire à notre perte, notamment dans la dépendance vis-à-vis d'un gourou, laquelle nous éloigne de nous-même jusqu'à perdre le contrôle notre propre existence.

Si vous êtes sans cesse influencé(e) par un être qui dispose d'un quelconque ascendant sur vous, vous finirez par oublier qui vous êtes et de quoi vous avez vraiment envie, et ce n'est certainement pas la bonne voie pour réaliser vos rêves !

Dans *L'Homme à la tête de chat*, j'ai expliqué comment, dans ce cas extrême, le projet de vie du gourou peut se substituer au vôtre. Je voulais devenir une rockstar ; il voulait construire un ashram. Il m'a fallu une force de caractère colossale pour m'en défaire et comprendre que l'unique personne à écouter était moi-même. Je préfère avoir commis mes propres erreurs à travers mes propres choix plutôt que d'être le disciple de qui que ce soit.

Je suis mon seul maître, et seul gouverneur de ma destinée. Et vous l'êtes aussi. Les prochains chapitres vous expliqueront pourquoi et comment.

Pour tout résumer, je dirais qu'il y a deux sens principaux à la pensée :

1. De l'extérieur vers l'intérieur : lorsque je remets la faute sur le monde extérieur et cherche à agir sur lui pour améliorer mon intérieur.

2. De l'intérieur vers l'extérieur : lorsque je cherche ce que je peux transformer en moi pour améliorer mon extérieur.

Le premier revient à prendre une route à contresens. Mais l'image que je préfère est celle de la vis : si vous essayez de dévisser une vis en la tournant dans le mauvais sens, et que de surcroît vous forcez avec une clé, vous risquez de casser le pas de vis ou encore d'endommager votre mécanisme intérieur. Cette pensée à contresens engendre la souffrance.

En préliminaire de tout progrès, rétablissons donc *le bon sens de la vis* : de l'intérieur vers l'extérieur, et non l'inverse.

La transformation intérieure

« Si tu veux éliminer toute la souffrance du monde, alors élimine tout ce qui est obscur et négatif en toi. En vérité, le plus grand cadeau que tu puisses faire au monde, c'est celui de ta propre transformation[19]*. »*

[19] Lao Tseu.

Les paroles du sage ont traversé deux mille six-cents ans pour arriver jusqu'à nous et leur puissance venue du fond des âges nous frappe de plein fouet. Lao Tseu vivait six-cents ans avant J.-C. et ses paroles ouvrent un puits de sagesse dont on ne perçoit pas le fond. Cependant, la citation en exergue de ce chapitre pourrait passer inaperçue ou laisser perplexe, car comment envisager d'« éliminer toute la souffrance du monde » ou même espérer le changer en opérant une transformation de soi-même ?...

La *Théorie du projecteur*, qui implique que nous sommes le créateur du monde extérieur, rend l'assertion du sage d'une fluidité absolue et prouve que je ne suis en aucun cas un précurseur de cette pensée, qu'il s'agit réellement de concrétiser, ici et maintenant. Tel est le défi que je vous propose de relever !

Nous avons bien compris, au cours du chapitre précédent, et en suivant la logique du projecteur, que TOUT part de l'intérieur : notre obstination à incriminer les phénomènes extérieurs, doublée de notre entêtement à raisonner dans le mauvais sens, ne nous apporteront que frustrations et souffrances.

À l'inverse, si nous acceptons d'entamer une transformation intérieure, nous constaterons bientôt des changements flagrants dans le monde phénoménal.

La question qui se pose légitimement à la suite de ces constats est : « Comment ? »

Ou plutôt : « Comment vais-je pouvoir effectuer les modifications intérieures pour obtenir de vrais résultats ? »

Le présent chapitre répond clairement et de façon très pragmatique à cette interrogation.

Pour commencer, j'utiliserai l'image d'un jardin pour représenter notre intériorité. Le monde de l'esprit est un terrain fertile où poussent de nombreuses variétés de plantes : fleurs magnifiques mais aussi mauvaises herbes. Pour ce qui concerne les vertus, elles peuvent être comparées à de belles et possibles floraisons, encore à l'état de germination ou déjà bien développées selon les individus.

CULTIVER SON JARDIN INTÉRIEUR

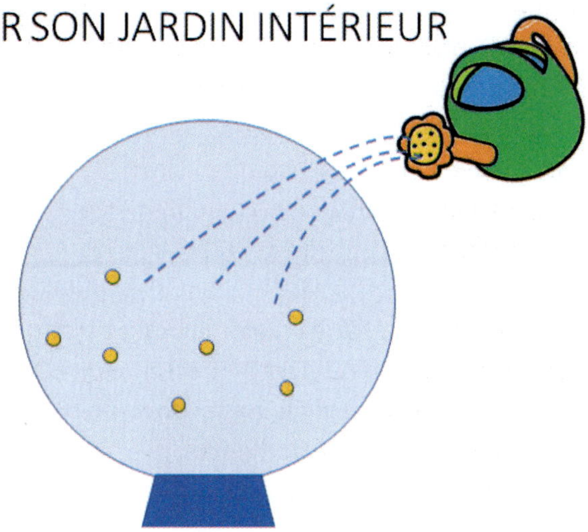

Examinons de plus près ces vertus. Parmi elles, on trouvera : la générosité, la bienveillance, l'honnêteté, le courage, ou encore la compassion, le respect, la loyauté, etc.

En premier lieu, vous devez désigner les valeurs qui sont les plus importantes à vos yeux, afin d'élaborer un code d'honneur – ou plus exactement ***votre*** propre code d'honneur.

À CULTIVER

- Honnêteté
- Générosité
- Droiture
- Effort et Volonté
- Courage

Code d'honneur

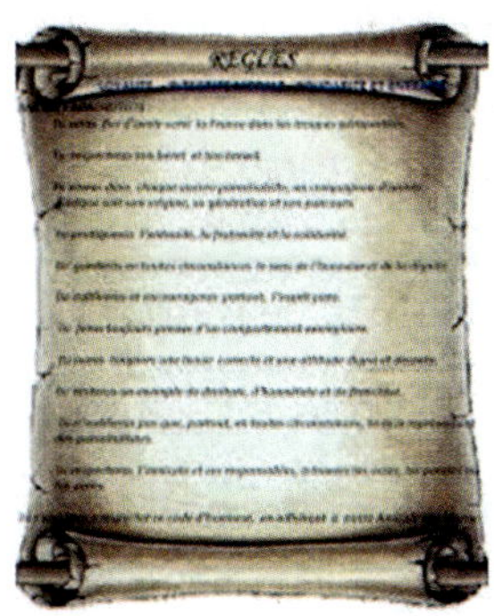

Voici le mien par exemple :

- Honnêteté
- Générosité
- Droiture
- Effort et volonté
- Courage

Ce sont les valeurs qui me sont chères, même si la liste n'est pas exhaustive. Il s'agit là des plus importantes : elles figurent donc en premier lieu dans mon propre code d'honneur.

Faites cet exercice pour commencer : choisissez les cinq vertus qui priment pour vous. En fonction de votre personnalité et de votre expérience, vous établirez cette *short list*, qui sera peut-être très différente de la mienne.

Une fois votre sélection effectuée, il va falloir établir votre propre contrat de conscience. C'est-à-dire que dès à présent, à chaque moment de votre vie, vous devrez vous évertuer à respecter ce code d'honneur.

J'ai bien écrit : ***vous évertuer à*** ; car j'ai conscience de la difficulté à incarner la représentation parfaite de cette liste de vertus ! Le but n'est pas d'être Monsieur ou Madame Parfait (ce que je ne suis pas), mais de cultiver ces plantes dans leur beauté potentielle pour les faire grandir jour après jour.

Avoir l'humilité de reconnaître que certaines de ces plantes sont encore de jeunes pousses, et qu'elles méritent d'être bien arrosées ou qu'on y mette de l'engrais, est déjà un très bon début. Car si l'honnêteté semble être une qualité acquise pour beaucoup d'entre nous, l'exercice n'est cependant pas aussi aisé qu'il n'y paraît, ainsi que je vous le montre ci-après, vertu par vertu, exemples à l'appui.

L'honnêteté

Voici une histoire vraie. Que vous avez peut-être vous-même déjà vécue. Elle ne possède rien d'extraordinaire en apparence, et pourtant…

J'étais en voyage en Polynésie et faisais quelques courses sur l'île de Moorea. En l'occurrence, il me fallait un médicament qu'on ne trouve qu'en pharmacie. La caissière me dit :

— « Ça fera cinq euros. »

Je lui tends un billet de dix euros. Elle me rend quatre-vingt-quinze euros ! J'aurais très bien pu me dire « Waouh quelle chance ! » et repartir. Mais si je m'étais comporté ainsi, j'aurais violé mon propre code d'honneur : l'idée que cette pauvre dame à la caisse puisse être accusée de vol, voire soit contrainte de payer son erreur, m'était insupportable.

C'est donc tout naturellement et sans effort que je l'ai alertée :

— « Attention Madame, vous vous êtes trompée, vous m'avez rendu la monnaie sur cent euros alors que je vous en ai donné dix. »

L'expression qui s'inscrivit sur son visage lorsqu'elle me dit « merci » suffit à me rendre heureux pour la journée. J'avoue avoir été fier de moi, empli d'un sentiment de satisfaction et de bien-être qui valait beaucoup plus que quatre-vingt-dix euros !

La suite de l'histoire est plus singulière et chacun la lira à sa façon. Lorsque je suis rentré chez moi en métropole, ma boîte aux lettres regorgeait de courriers et de publicités en tous genres. Au milieu de tout cela : une enveloppe à l'en-tête d'une compagnie d'assurances, qui contenait… un chèque de mille cinq-cents euros ! Je n'attendais pas ce chèque et ne l'espérais même pas, ignorant que j'étais éligible à un remboursement.

Vous penserez peut-être qu'il n'existe aucun lien entre les deux événements. Pour avoir vécu ce phénomène de nombreuses fois, je suis pour ma part intimement convaincu qu'il y en a un.

Dans les rues de Rome, voyant qu'un homme perdait de nombreux billets de banque tombant de sa poche, je lui ai couru après pour les lui rendre – et plus tard, de l'argent m'est tombé dans les mains sans rien faire, comme à la suite de celui que j'avais ramassé en me baissant puis restitué.

Le geste à la pharmacie vous semble simple à reproduire, voire trivial ? Lisez donc ce qui suit !

Cela ne vous est peut-être jamais arrivé, mais à moi si. Vous roulez dans une rue étroite où des voitures sont garées de part et d'autre. Vous ne faites pas assez attention et votre rétroviseur droit percute celui d'un de ces véhicules stationnés. Vous entendez le « crac » dû au choc, vous voyez bien que votre rétroviseur est rentré.

L'Honnêteté

Je vous pose la question : combien d'automobilistes s'arrêteront pour constater les éventuels dégâts, laisser un mot avec un numéro de téléphone, afin de pouvoir réparer le préjudice ?

En réalité, il est fort probable qu'une majorité des conducteurs passera son chemin, se disant pour se rassurer qu'« il n'y a rien ».

La ligne de démarcation entre l'honnêteté et l'égoïsme est parfois ténue. C'est pourquoi j'écris bien qu'il faut ***s'évertuer à*** appliquer ce code d'honneur. Dans certaines circonstances on échouera, mais si on tente de s'en rapprocher au maximum, c'est déjà beaucoup. Et même si mon histoire de chèque d'assurance vous laisse perplexe, faites l'expérience de cette ultime honnêteté et vous ressentirez ce bien-être intérieur, la joie de savoir que vous êtes une belle personne et que vous ne pouviez pas vous comporter mieux.

N'attendez rien en retour de ces gestes, vous serez surpris par le destin.

La générosité

« *Donnez, et l'on vous donnera*[20].»

Vous connaissez sans doute cette phrase et l'avez déjà certainement entendue sous d'autres formes approchantes. Si on s'y arrête un instant, maintenant que la *Théorie du projecteur* nous est familière, elle prend soudain un sens plus concret que celui perceptible de prime abord. Car le lien de cause à effet nous saute aux yeux : si nous donnons, nous recevrons en retour.

L'épisode de la pharmacienne vous revient sûrement à l'esprit. À juste titre, oui ; car le monde phénoménal répond en miroir de nos comportements. Face à un éventuel scepticisme persistant, je vous propose ce qui suit.

Quand j'étais un petit garçon, j'attendais avec impatience les cadeaux du père Noël sous le sapin et je me souviens du visage de ma mère lorsqu'elle me regardait déballer mes paquets. À n'en pas douter, de nous deux c'était elle la plus heureuse, je l'ai compris depuis.

Aujourd'hui, je n'ai besoin de rien, et même si vous me demandiez ce que je veux pour mon anniversaire, je ne pourrais vous répondre car je l'ignore totalement. Mieux encore : recevoir des présents ne m'intéresse pas, voire me gêne.

---

[20] Évangile selon saint Luc, 6:38 (La Bible de Jérusalem).

En revanche, j'ai découvert le vrai plaisir procuré par les cadeaux à travers la pratique de la générosité. N'avez-vous jamais ressenti ce bonheur intense en donnant à celui ou à celle qui n'aurait jamais espéré avoir ? Connaissez-vous cette impatience ressentie en guettant le moment où l'autre découvrira un merveilleux cadeau auquel il ne s'attendait pas ?

Vous avez par exemple travaillé dur pour acheter une bague à la femme qui compte tellement pour vous que rien n'est trop beau pour elle. Le sentiment de bonheur que vous éprouverez en la lui offrant sera en rapport avec les efforts que ce bijou vous a coûtés.

Quant au sourire d'un enfant émerveillé, n'est-il pas un cadeau que vous vous faites à vous-même ?

Le vrai bonheur est dans le don, et c'est ce qui vous sera donné. Ne pensez pas au reste, agissez de manière désintéressée, juste pour cet ultime plaisir que vous ressentez au moment précis où vous offrez.

La générosité

Lorsque tu rends quelqu'un heureux,
c'est toi que tu remplis de bonheur !

N'attendez aucune réciprocité dans la générosité. Si vous donnez à quelqu'un qui vous trahit ensuite, c'est l'autre qui est malheureux et pas vous. Vous ne pouvez engendrer aucune mauvaise répercussion dans le monde phénoménal en étant trop généreux.

On entend souvent des expressions comme « trop bon, trop con », « donner du caviar au cochon… », etc. L'ingratitude ne fait souffrir que celui qui attend un quelconque retour de son obole. Le vrai don est désintéressé et n'exige aucune contrepartie.

En résumé, l'excès de générosité ne nuit pas, bien au contraire ! Cultivez cette vertu à l'extrême et vous serez surpris des résultats dans le monde phénoménal.

Car si je me retourne sur ma propre vie, j'ai toujours reçu beaucoup plus que je n'ai donné. Pas forcément de la main de ceux avec qui je m'étais montré généreux, et pas obligatoirement sous la même forme, mais j'ai reçu énormément. Certains diront que j'ai une bonne étoile, moi je parlerai du projecteur !

La droiture

« Je dis ce que je fais et je fais ce que j'ai dit. »

On dit de moi parfois que je suis « psychorigide ».

Je n'aime pas cet abus de langage qui ne me correspond pas.

J'ai toujours mal vécu le manque de fiabilité. Je m'en plaignais souvent au Dr Ferrano en consultation, pestant sans arrêt contre le livreur qui avait trois semaines de retard, le courrier qui n'arrivait pas dans les temps, les gens jamais à l'heure, etc.

Alors un jour, il m'a raconté la petite histoire qui suit.

Plus jeune, il était propriétaire d'un appartement dans Paris et se plaignait régulièrement du gardien de l'immeuble qui ne faisait vraiment pas son travail. Alors qu'il déversait une fois encore ses récriminations dans l'oreille de son voisin de palier, celui-ci se contenta de lui poser cette question :

— « Mais pourquoi croyez-vous qu'il est gardien d'immeuble ? »

Je suis ressorti apaisé de la séance.

En effet, prenez le temps d'observer ces gens qui vous mentent et qui ne savent pas tenir parole. Regardez leur vie et leur condition. En général, elles leur correspondent bien. Pourquoi attendre de la fiabilité de la part de personnes qui n'en sont pas capables ?

Tout cela m'a conforté dans ma posture qui est de ne jamais faillir à ma parole, sans tenir compte de ces autres pour qui le mensonge est un réflexe. Je ne veux pas leur ressembler ni avoir leur vie. Je suis précis dans mes actions, je m'évertue à être ponctuel. Je respecte mes promesses, quelles qu'elles soient.

Il existe une catégorie de personnes que j'appelle *chat noir*.

Vous reconnaîtrez le chat noir à ses caractéristiques significatives : il est toujours en retard, il perd souvent des objets (ses clés par exemple). Il lui arrive sans cesse des histoires désastreuses et a tellement la poisse qu'on dirait qu'il marche avec un nuage au-dessus de la tête. Je suis sûr que vous en avez déjà croisé au moins un.

Ses mésaventures dans le monde phénoménal ne sont bien sûr pas dues à la malchance, elles sont le reflet d'un esprit ***déstructuré***.

On ne peut pas réussir une carrière ou un projet si on n'agit pas de façon structurée, si on ne se comporte pas avec droiture. Tout simplement parce que sinon, tout va de travers, en juste regard avec ce que nous sommes.

Vous le savez sans doute : toute relation, qu'elle soit professionnelle, amicale ou amoureuse, repose sur la confiance. Comment voulez-vous garder la confiance de votre entourage si vous n'agissez pas avec droiture ?

Pensez-vous par exemple que l'on puisse conserver une relation commerciale sur le long terme si on est malhonnête ?

J'ai cultivé tous mes liens professionnels et mené mes entreprises de façon durable, en partant du principe que le meilleur commercial est celui qui dit la vérité. Je suis fier de vous dire que cela a très bien fonctionné !

Tout cela relève du bon sens et peut-être jugerez-vous ce passage trop pragmatique, pas assez ésotérique. Mais quelle crédibilité aurais-je si je n'étais pas parfaitement honnête envers vous, si je ne vous donnais pas les véritables clés de la réussite ? Bien souvent, vous constaterez que mes propos relèvent en effet du bon sens et de la simplicité, mais n'oubliez pas que c'est ce qui constitue l'essence même de la spiritualité.

Effort et volonté, courage

Ces dernières vertus sont celles propres au guerrier. Dans toutes vos entreprises, quelles qu'elles soient, il vous faudra une ténacité et une détermination de tous les instants. C'est un des secrets de la réussite. Même si votre projet est d'écrire un livre, il faudra de l'endurance et du courage pour aller jusqu'au mot « fin ».

Il existe une règle fondamentale à retenir et applicable à tout ce qu'on entreprend : si on ne termine pas ce qu'on a commencé, il ne se passera rien.

Il faudra donc cultiver ses vertus. La bonne nouvelle, c'est que je sais comment faire. Je vous dévoilerai mon secret et ma technique dans le chapitre intitulé : « Le mental du guerrier ».

Les mauvaises herbes

Cultiver son jardin intérieur, c'est aussi se débarrasser des mauvaises herbes. Qui peut prétendre être parfait et n'avoir aucun défaut ?

Surtout pas moi.

Selon votre parcours de vie et vos traumatismes, ce chiendent prolifère en vous et génère des phénomènes négatifs dans le monde extérieur. Souvenez-vous que ce dernier est le reflet de votre intérieur. Plus vous laissez les mauvaises graines pousser, plus votre extérieur s'obscurcit.

CULTIVER SON JARDIN INTÉRIEUR : ENLEVER LES MAUVAISES HERBES

L'une des plus dures à éliminer est un véhicule négatif qui se situe quelque part entre le ressentiment et la haine.

Vous, ou peut-être l'un de vos proches, avez été blessé(e). Votre colère bout et vous réclamez justice, quitte à la faire vous-même pour vous venger et obtenir réparation.

J'ai en mémoire un souvenir d'enfance qui ne m'a jamais quitté : la première communion de mon frère. Il y avait là, réunis dans une église, de quoi faire pâlir les pierres et décrocher les crucifix des murs, tellement l'assemblée comptait de gens malveillants et stupides.

Oui, j'ai été victime de maltraitance étant enfant, et certains d'entre eux furent mes bourreaux. La pureté qui régnait en ce lieu saint avait dû congeler le mal pour quelques dizaines de minutes, le temps que la cérémonie se déroule. Une chose me frappa soudain : les voir se mettre à la queue leu leu devant le confessionnal où les attendait un prêtre derrière un grillage. Les pénitents étaient venus se confesser, c'est-à-dire obtenir des bons points pour le paradis, ou plutôt en retirer des mauvais pour éviter l'enfer.

Beaucoup de ces gens interprètent la Bible, ou plutôt ne l'interprètent pas en imaginant qu'à la fin de leur vie, ils se retrouveront devant un guichet où saint Pierre fera les comptes pour décider s'ils iront au paradis ou en enfer.

Nul besoin d'attendre pour vivre le paradis ou l'enfer, car c'est ici et maintenant que ça se passe !

Si vous laissez la colère vous emporter et que vous vous rendez violent, par exemple, cela générera forcément des phénomènes négatifs. Vous pourrez vous retrouver en prison. Vous ne verrez plus vos enfants ni vos proches, vous serez brutalisé voire violé par d'autres taulards… Votre paysage se résumera aux quatre murs de votre cellule, ou à celui d'une cour fermée par de hautes murailles. Voilà ce à quoi peut ressembler l'enfer ici-bas.

Un automobiliste vous a manqué de respect. Vous avez toujours le choix entre vous énerver, céder à la violence, ou bien l'ignorer.

Dans un cas, vous risquez de vous faire mal ou de lui faire mal et de passer la journée à l'hôpital, ou au commissariat de police, ou les deux. Dans l'autre, votre journée se poursuivra somme toute sans encombre et surtout sans que votre esprit mémorise la moindre sensation ni image de cette scène potentiellement brutale.

Cet exemple qui peut sembler basique fait pourtant partie du quotidien de la plupart d'entre nous. Car à moins de vivre en ermite caché au fond d'une grotte, vous serez confronté à un extérieur parfois hostile.

Ces manifestations extérieures sont encore et toujours le reflet de notre intérieur, qui comporte ce que j'appelle des remous chaotiques.

Si l'on observait l'espace avec un télescope suffisamment puissant, nous verrions qu'il est traversé chaque seconde et de partout par des astéroïdes. Il peut être comparé à un véritable champ de tir.

Bien sûr, ces monstres galactiques sont loin et il y a une chance sur dix millions pour que l'un d'eux s'écrase sur la Terre, comme ce fut le cas il y a soixante-cinq millions d'années.

Notre univers intérieur est un peu comme ce que je viens de décrire : nous sommes en permanence traversés par de mauvaises pensées. Il ne tient qu'à nous de les laisser filer sans nous y accrocher : les phénomènes négatifs auxquels nous sommes confrontés sont autant d'épreuves pour nous y entraîner.

Ces phénomènes sont de différentes tailles. Voici l'automobiliste qui vous a fait une queue de poisson, mais aussi cet être vil qui vous a humilié(e) et blessé(e) à mort…

Pour celui qui cherche à vous faire du mal, le meilleur moyen d'exister est avant tout de régner dans vos pensées.

Si vous persistez à nourrir de la rancune à son égard, ou pire, si vous intentez quelque action contre lui dans le monde phénoménal, vous lui permettez de continuer à exister et donc à vous nuire, tout en perpétrant une série de phénomènes négatifs, telle une boucle sans fin.

C'est la loi de la boucle karmique. Il s'agit en fait d'un effet « ping-pong » (d'aller-retour) entre l'intérieur et l'extérieur. En nourrissant cette haine et cette volonté de vengeance, nous projetons dans le monde extérieur les phénomènes qui y correspondent. Lorsque nous y faisons face, ils alimentent d'autant plus ce foyer de colère interne, ce qui nous pousse à projeter, etc.

« Si quelqu'un t'a offensé, ne cherche pas à te venger. Assieds-toi au bord de la rivière et bientôt tu verras son cadavre passer[21]*. »*

Là encore, le sage a synthétisé tout ce qu'il nous faut savoir dans ce genre de situations. Encore fallait-il le rapprocher de la *Théorie du projecteur* pour comprendre que cesser de penser à l'ennemi est la meilleure façon de s'en débarrasser.

J'ai choisi plus haut un exemple caractéristique, tiré de ma propre expérience, mais tout comme pour le code d'honneur, vous pouvez identifier puis recenser les mauvaises herbes qui vous correspondent et vous appartiennent.

Orgueil, fierté mal placée, égoïsme… le chiendent ne manque pas, vous le repérerez aisément ! Et si vous pensez que votre jardin intérieur en est dépourvu, c'est un mauvais commencement, car la remise en question est le moteur de votre transformation.

---

[21] Lao Tseu.

Répercussion sur l'extérieur

Opérer toute votre transformation intérieure en cultivant vos vertus va sensiblement modifier le monde extérieur. L'ampleur des changements sera proportionnelle aux efforts que vous aurez bien voulu accomplir.

Plus vous constaterez vous-même ces changements, plus vous serez encouragé(e) à poursuivre dans cette voie, et plus le paysage extérieur se modifiera. Des événements positifs se produiront dans le monde phénoménal.

Pour l'instant, votre monde extérieur est probablement un panachage de phénomènes positifs et négatifs.

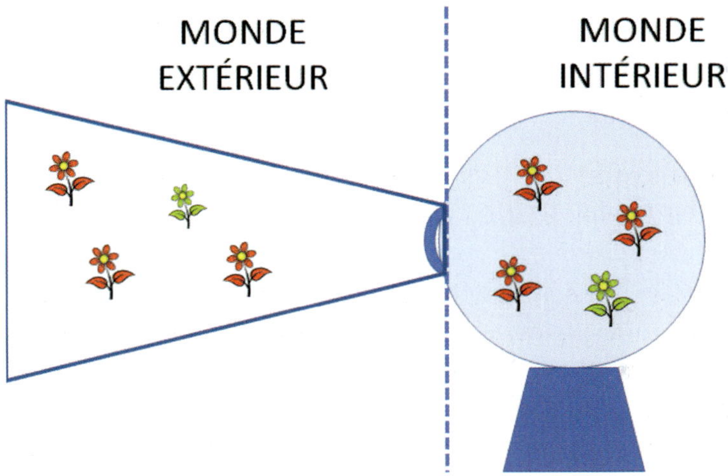

Mais en cultivant le jardin intérieur, une modification progressive de l'extérieur se produit…

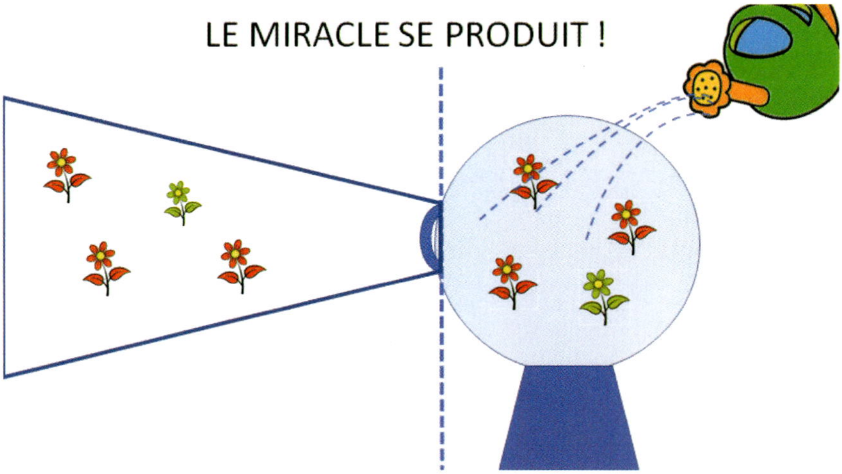

Vous verrez votre paysage changer petit à petit. Il est possible que votre entourage varie et soit peu à peu débarrassé des éléments toxiques, en vue d'un assainissement salutaire.

« Si vous franchissez cette porte et vous aventurez sur ce chemin, attendez-vous à ce que votre vie soit dramatiquement transformée. Le paysage extérieur vacille d'abord tout doucement, puis un raz de marée vient balayer le paysage de votre petite existence bien établie[22]*. »*

[22] *L'Homme à la tête de chat*, page 23.

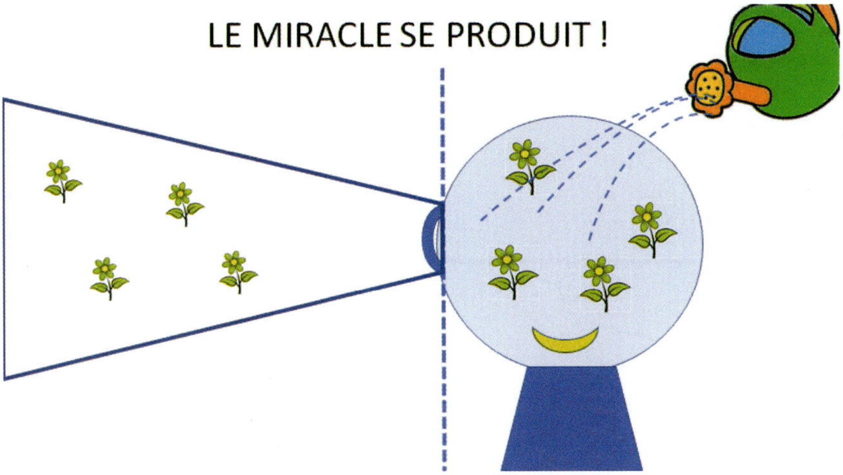

Vous pouvez très bien rejeter la *Théorie du projecteur*, ne pas me croire lorsque j'affirme que la transformation intérieure va irrémédiablement entraîner celle de votre monde extérieur, et que les miracles sont possibles.

Il en va du libre arbitre de chacun.

Mais quand bien même je serais pris pour un fou ou un illuminé, qui pourra nous reprocher de cultiver notre jardin intérieur et toutes les vertus qui s'y trouvent ?

Qui voudra s'opposer au culte de la bienveillance et de l'honnêteté ?

Si chacun s'évertuait à le pratiquer, le monde ne serait-il pas meilleur ?

C'est à nous de donner l'exemple sans attendre des autres qu'ils le fassent.

L'Hydre de la peur

« Enfermée derrière les verrous de l'inconscient,
une hydre furieuse cherche à s'exprimer car elle est frustrée
de ne pouvoir exister dans le monde réel.
Sa tête principale s'appelle Peur, et parmi ses sœurs,
on trouve Angoisse et Anxiété.
Pour pouvoir agir, l'hydre a trouvé une idée diabolique :
elle va s'incarner dans la réalité pour prendre une forme
concrète. Une menace, un humain, une situation anxiogène,
un monstre, tout est bon à prendre…
L'illusion fait effet durant une minute, des mois,
des années et l'hydre règne par la peur
qu'elle inflige à son hôte[23]*.»*

---

[23] *L'Homme à la tête de chat*, page 162.

Le petit réservoir trouble à l'intérieur

Plus jeune j'étais un garçon anxieux, souvent sujet à l'angoisse. Mais j'ai guéri. Guéri de ce mal qu'on appelle la peur et qui fait de nous de véritables esclaves.

J'ai écrit dans l'Introduction que l'origine du malaise de notre société « n'est autre qu'une énorme frustration chez l'humain qui ne se sent pas heureux car il ne trouve ni sens à son existence, ni vraie satisfaction d'accomplissement ».

En effet, la plupart des gens font des choix en fonction de leurs peurs et non de leurs envies, alors que seul notre cœur devrait guider nos pas.

Si la peur ne constitue pas le seul obstacle dans notre quête de l'accomplissement de soi, elle est sans doute un des poisons les plus toxiques de notre existence.

De façon générale, sans même qu'il soit question de chemin initiatique ou de recherche spirituelle, je pense à toutes ces personnes si anxieuses et angoissées que leur vie en vient hélas à s'assécher, tel un fruit flétri et rongé de toutes parts.

Le sujet est donc de taille et pourrait occuper un livre entier.

Et pourtant, en un seul chapitre, je vais vous dévoiler le secret du guerrier qui permet d'éradiquer ce mal.

D'aucuns s'étonneront sans doute de cette affirmation en apparence un brin prétentieuse ; mais avant tout jugement, laissez-moi vous décrire l'ultime méthode que j'ai développée, en partant de la *Théorie du projecteur*. Je vous promets qu'elle est d'une efficacité redoutable. Pour l'avoir expérimentée sur moi-même et sur mes proches (puisque je suis un scientifique), je suis assuré du résultat.

Les prémices de mes recherches remontent à vingt-cinq ans environ ; j'étais donc âgé d'une vingtaine d'années. J'avais des TOC [24], j'étais fortement malmené par l'anxiété, au point de me réveiller en pleine nuit avec des palpitations. C'en était trop. Prenant mon courage à deux mains, je me suis décidé à consulter un médecin généraliste.

[24] Troubles Obsessionnels Compulsifs.

Sachez que ce genre de prise de conscience est à coup sûr récompensé par un « petit quelque chose » qui n'est pas toujours immédiatement perceptible…

L'homme que j'ai rencontré ce jour-là aurait pu se contenter de me prescrire du Lexomil® ou un autre anxiolytique. Il aurait pu aussi me rediriger vers un psychiatre.

Il n'en fut rien.

Il me dit que j'allais bien, que je manquais simplement de magnésium. L'anecdote pourrait prêter à sourire si elle avait contenu toute la consultation. Mais il se trouve que ce médecin bouscula à tout jamais mon existence en prononçant ensuite ces mots :

« *La peur n'existe pas. Pour exister, elle a besoin de s'accrocher à des formes dans la réalité. Mais ce ne sont que des objets de celle-ci.* »

Il me fallut vingt-cinq ans pour mûrir ces trois petites phrases et comprendre en profondeur le sens de chaque mot prononcé par celui qui fut mon maître durant cinq minutes – puisque je ne le revis jamais. Il était sûrement une sorte de messager, si je voulais bien le décrypter ainsi.

Pour illustrer au mieux le phénomène de la peur, m'est apparue la pertinente image de l'hydre.

L'hydre est un monstre de la mythologie grecque. Elle a un corps de dragon ou de chien et plusieurs têtes.

On se souvient que le deuxième des douze travaux d'Héraclès consiste justement à tuer l'hydre de Lerne, dont les sept têtes, à peine coupées, repoussent aussitôt.

La *Théorie du projecteur* – il n'y a pas d'extérieur sans intérieur, pas de monde sans son créateur – coïncide parfaitement avec les propos que m'avait en son temps tenus le médecin.

La peur est donc un phénomène intérieur. Tout part de là.

Notre intériorité abrite un petit réservoir dont le contenu est trouble ; de fait, nous ne discernons pas sa nature exacte.

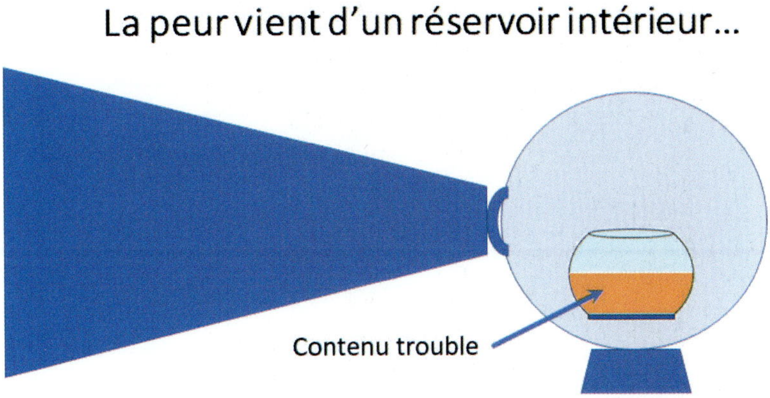

Or, c'est dans ces eaux troubles que notre petit réservoir interne héberge le monstre.

L'hydre est furieuse, elle gronde de rage.

Pourquoi ?

Parce qu'elle n'existe pas dans notre réalité !

L'hydre aimerait se manifester, s'exprimer ; pour l'instant elle semble impuissante, contenue dans ses eaux troubles.

Mais la bête est maligne et possède un moyen subtil de nuire à son hôte.

Pour exister, elle va donc émerger de la zone « non consciente ».

Car vous l'avez sans doute compris, l'image du petit réservoir interne symbolise cette zone, que les psys disent « non consciente », et dont l'hydre surgit pour se rendre perceptible dans la zone consciente.

Pour cela, elle a besoin de s'instancier (ou de s'incarner) dans la réalité en utilisant une forme ou une autre.

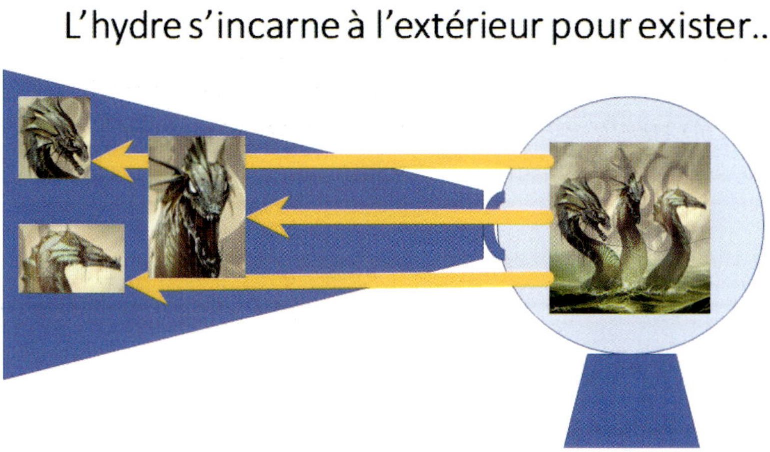

Ainsi poussent les têtes de l'hydre, habilement dissimulées derrière des objets ou des situations.

Imaginez, juste un instant, toutes les formes que ce monstre peut prendre ! Songez simplement à tout ce qui vous effraie dans l'existence...

Peur de la mort, de la maladie, de la précarité, de l'abandon : telles sont ses têtes principales qui peuvent engendrer une multitude de sous-représentations.

« *Mon gynécologue a détecté une boule bizarre au sein. L'échantillon est parti au laboratoire.* » (Mort ; maladie)

« *J'ai reçu une lettre des impôts qui me réclament 30.000 €.* » (Précarité)

« *Mon ami(e) n'est toujours pas rentré(e) de sa soirée.* » (Abandon)

« *L'avion bouge terriblement à cause des perturbations.* » (Mort)

La liste d'exemples est hélas infinie, car en réalité, l'hydre a le pouvoir de trouver une multitude de formes, sans cesse renouvelées, pour exister : on peut donc passer sa vie à avoir peur, sans comprendre que c'est elle et elle seule qui nous effraie, cachée derrière ses différents masques.

Si nous rapprochons ce qui précède de notre *Théorie du projecteur*, nous comprenons que c'est nous-mêmes qui projetons toutes ces situations anxiogènes dans la réalité depuis notre intérieur. La lettre des impôts, la boule au sein, l'avion qui tangue, etc., ne sont que des représentations de la bête dans la réalité.

— « Très bien et après ? » me demanderez-vous.

De fait, l'histoire de l'hydre ne figure qu'une des nombreuses pierres de la pyramide, une déduction supplémentaire issue de la *Théorie du projecteur*.

Mais d'avoir intégré cette notion ne vous permet pas pour autant d'éradiquer le phénomène.

Il vous manque *l'ultime* technique du guerrier que je vous livre à présent.

Vaincre la bête

Vous ne tarderez pas à vous apercevoir que tout est très simple, comme toujours.

Et pour faciliter encore la compréhension, je vous propose un petit retour à l'école et à ces fameux cours de science physique, plus ou moins ennuyeux pour certain(e)s d'entre nous, et qui expliquaient comment fonctionne l'électricité. Redécouvrons donc ensemble cette leçon !

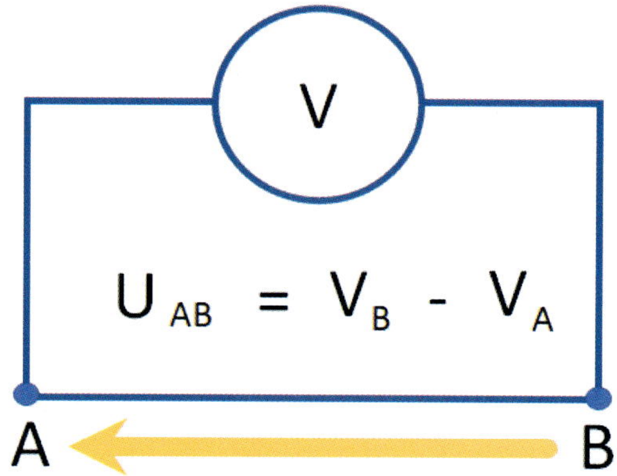

La tension électrique entre les deux points d'un circuit s'évalue en faisant la différence de potentiel entre ces deux points.

La tension entre les points A et B est égale à la différence de potentiel électrique entre ces deux points. Il y a plus d'électrons au point B qu'au point A, tout simplement.

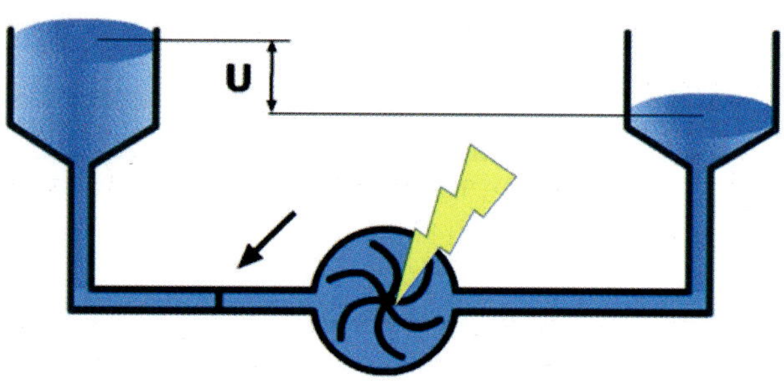

On peut tout aussi bien utiliser cette image avec une turbine hydro-électrique. Du côté gauche, le potentiel est plus fort qu'à droite, il y a donc une tension entre ces deux points. Cette tension s'apprécie en voyant la turbine tourner.

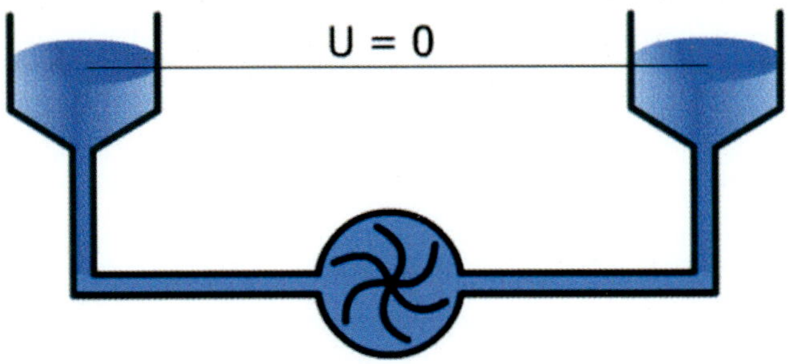

Si on réduit la différence de potentiel en mettant à niveau les deux points, la tension s'annule.

— « Mais où veut-il en venir avec sa leçon d'électricité ? » vous étonnerez-vous.

Au fait qu'il suffit tout simplement de transposer ce principe à notre problématique.
Toute peur que nous pouvons ressentir se comporte comme un terroriste qui nous tend une menace.

Reprenons les exemples précédents.

« *Mon gynécologue a détecté une boule bizarre au sein. L'échantillon est parti au laboratoire.* »

➔ Menace : Tu vas avoir un cancer du sein (et peut-être en mourir).

« *J'ai reçu une lettre des impôts qui me réclament 30.000 €.* »

➔ Menace : Tu vas être ruiné(e) ou perdre beaucoup d'argent.

« *Mon ami(e) n'est toujours pas rentré(e) de sa soirée.* »

➔ Menace : Elle ou il va te tromper ou te quitter.

« *L'avion bouge terriblement à cause des perturbations.* »

➔ Menace : L'avion va s'écraser et tu vas mourir.

En premier lieu, il faut traduire la peur que nous ressentons en menace.

Vous avez peur : oui, mais de quoi, en définitive ?

Cette première étape est fondamentale pour la suite de la méthode. Si vous ne parvenez pas à mettre des mots sur votre peur, à la formuler clairement, vous n'arriverez pas à la vaincre.

On n'a pas peur d'un courrier, mais bien plutôt de la menace concrète qu'il contient.

On n'a pas peur de l'heure qui tourne, mais bien plutôt de perdre son conjoint, etc.

En bref, on ne peut pas guérir si on ne sait pas de quoi on souffre.

Revenons maintenant au parallèle avec l'électricité.

La peur génère en nous une tension, que nous nommerons « Tension de peur ».

Cette tension provient de la différence de potentiel de menace induite par la peur et notre potentiel à l'accepter.

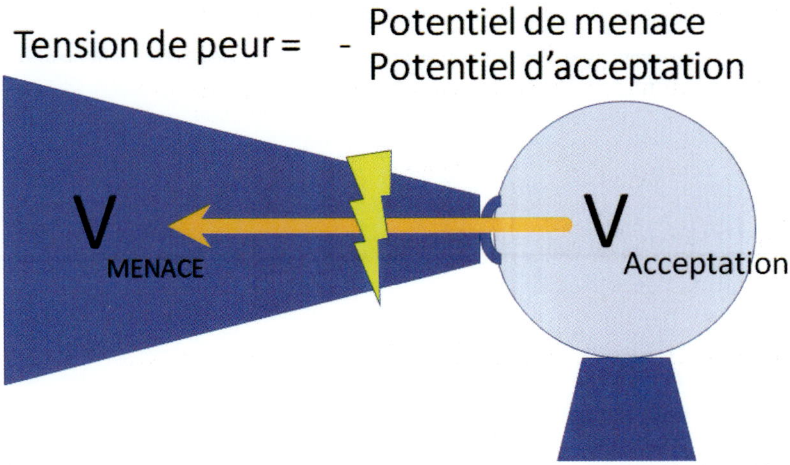

Je m'explique : notre peur nous tend une menace (nous l'avons traduite ainsi).

La menace a un certain potentiel : plus elle est forte, plus elle a un haut potentiel.

- ➔ Moins nous nous rendons capables d'accepter cette menace, plus la différence de potentiel est forte, et donc plus la tension est forte.

- ➔ Plus nous nous rendons capables d'accepter cette menace, moins la différence de potentiel est forte, et donc moins la tension est forte.

- ➔ Plus nous sommes dans le refus, plus la peur est forte.

- ➔ Plus nous sommes dans l'acceptation, moins la peur est forte.

Si nous nous rendons capables d'accepter totalement la menace que nous tend la peur, celle-ci disparaît instantanément.

« *Au moment même où j'acceptai totalement, je coupai les liens avec cette peur sur laquelle reposait sa menace, et il fut alors terrassé. Et une fois vaincu, il cessa d'exister.*

Le dragon n'était en fait qu'une illusion.
Lorsque la peur est vaincue, le vent souffle sur le nuage à la tête de monstre et il se désagrège[25]. »

Il vous est déjà certainement arrivé de voir dans le ciel un nuage prenant la tête d'un chien ou d'un monstre. La transformation psychique qui consiste à être dans la totale acceptation entraîne une modification immédiate de la perception. Cette transformation est très comparable à ce nuage qui change de forme ou se désagrège au gré du souffle du vent.
Mon ami et maître en arts martiaux Rafi Ganey (alias CHINH) parlerait de la « non-force ».

Je récapitule donc la méthode en la simplifiant à l'extrême :

1. Je me projette dans la menace que me tend ma peur.
2. J'évalue les conséquences, je raisonne et les accepte.

Il me sera naturellement objecté que certaines menaces sont difficiles à accepter, comme par exemple celle que nous tend la mort. Mais laissez-moi vous dire que vous ne vivrez sans peur que dès l'instant où vous aurez accepté de mourir. Montaigne ne disait-il pas que « philosopher, c'est apprendre à mourir[26] » ?

Dans le chapitre suivant, intitulé « L'ultime vérité », je vous expliquerai comment se rapprocher de cette acceptation et l'immense enjeu d'une telle posture.

Mais avant d'aborder ce sujet crucial, source d'une multitude de phobies, je vous propose de mettre en application ma technique de guerrier avec deux autres exemples de peurs très courantes.

---

[25] *L'Homme à la tête de chat*, page 162.
[26] *In* : *Les Essais.*

La peur de l'abandon

C'est une peur très classique que beaucoup connaissent. Si vous avez été abandonné(e) enfant, ou si vous avez perdu un parent dans votre très jeune âge, vous êtes certainement un(e) bon(ne) candidat(e) à ce type d'appréhension, le traumatisme ayant bien rempli votre petit réservoir intérieur, abreuvant la bête qui produira à foison des têtes pour vous le rappeler.

Je me permets de vous l'affirmer ici très concrètement : vous ne pourrez vivre avec l'autre dans la peur qu'il ou elle vous quitte ou vous trompe. Si vous demeurez sans rien faire et que vous vous laissez dominer par la bête, vous subirez et susciterez un inconfort relationnel permanent, vous vous rendrez jaloux(se) et désagréable, vous serez rongé(e) de l'intérieur jusqu'à peut-être provoquer la rupture !

Voyons tout de suite ce que donne la méthode en application.

1. Je me projette dans la menace : admettons qu'il ou elle me quitte.
   (Alors que je l'aime et fais tout ce que je peux.)

2. Il ou elle n'était donc pas digne de l'amour que je lui portais.

➔ Cette personne n'était pas faite pour moi : je rencontrerai quelqu'un(e) qui me conviendra mieux

La synthèse de tout cela est plutôt porteuse d'optimisme : je me rends capable d'accepter qu'il ou elle me quitte, car je saurai réagir de façon positive en conséquence.

Toute personne se trouvant dans cette situation peut aboutir aux mêmes conclusions, et je peux vous assurer avoir vu des gens sécher instantanément leurs larmes en suivant ce processus d'acceptation.

La peur de perdre ce que l'on a

Cette peur est l'une des plus dangereuses, car tel un caméléon elle se dissimule et prend place dans notre quotidien, au point que nous ne nous rendons même plus compte qu'elle est là, bien active pourtant !

Quand on a acquis des biens matériels et une position sociale, ce qui peut arriver de pire est… de ne plus pouvoir s'en passer.

Pour progresser dans l'existence, nous sommes parfois obligés de prendre des risques. J'expliquerai le processus en détail dans le chapitre intitulé « Le saut de la falaise ».

Vous qui me lisez, en ce moment même, vous en avez peut-être ras le bol de ce job qui ne vous offre aucune perspective d'évolution, et qui ne vous donne plus la moindre envie de vous lever le matin ?… Il va donc falloir en changer. Et peut-être même monter votre propre affaire pour vous rendre indépendant.

— « Oui, me rétorquerez-vous, mais il y a les enfants, le 4x4, la maison, etc. Et si mon choix audacieux me mettait en danger financièrement… Si je perdais tout ? »

Celui ou celle qui accepte de tout perdre en une seconde accède du même coup à un degré supérieur du statut d'être humain.

Nous y voilà, devant la peur de perdre ce que l'on a ! Si nous la laissons nous dominer, elle nous rendra malheureux pour le restant de nos jours.

Si vous êtes dans cette situation, posez-vous les bonnes questions :

Que préfères-tu ?

Regretter toute ta vie d'avoir laissé passer ta chance et vivre malheureux ?

OU

Risquer de ne plus avoir d'argent ?

Pour ce qui me concerne, à cette question je vous répondrai sans hésitation que si c'est pour m'ennuyer jusqu'à la fin de mes jours et être malheureux, je préfère en rester là. Le choix est vite fait.

Dans ma propre vie, j'ai plusieurs fois été confronté à ce genre de choix, et j'ai dû moi aussi faire face à cette peur terrible. J'ai quitté de nombreuses situations confortables pour l'aventure. Je ne suis jamais pour autant devenu clochard ; bien au contraire, en matière de « mieux-être » j'y ai plutôt gagné. Et ma situation financière a toujours progressé.

Je me souviens notamment d'une mission très bien rémunérée dans la finance de marché. Le matin, je longeais les quais de Courbevoie en direction du quartier de la Défense [27] puis me garais dans les sous-sols en béton gris et humides d'une grande tour. Je portais des costumes Hugo Boss et des boutons de manchette (codes sociaux obligent). Je gagnais le salaire de ma femme et de ses parents réunis.

Et pourtant, je me sentais dépérir jour après jour. Je m'ennuyais à mort ! Un beau matin, j'ai eu le courage de m'avouer que je n'étais pas heureux.

Il fallait que je saute, mais j'avais peur. Alors une phrase m'est venue à l'esprit et j'en ai fait ma maxime pour la vie :

« *Je sais que j'ai fait le bon choix lorsque je préfère assumer le pire des scénarios qu'il peut entraîner plutôt que de ne pas le faire*[28]. »

---

[27] Quartier des affaires de Paris (ou du Grand Paris), aujourd'hui le plus grand d'Europe.

[28] *L'Homme à la tête de chat*, page 278.

C'est-à-dire que lorsque je suis prêt à *accepter* le pire, je n'ai plus peur, je sais que j'ai fait le bon choix.

Là encore, l'acceptation est le maître-mot.

Comme je l'ai expliqué dans le chapitre intitulé « L'alignement avec le moi », nous ne pouvons être heureux si ce que nous faisons n'est pas en phase avec notre moi.

Et en général, si nous exerçons une activité professionnelle en étant confrontés quotidiennement à ce décalage, nous n'y sommes pas compétents.

Quand j'avais vingt ans, ma famille m'a poussé à rejoindre la compagnie Air France pour y exercer le métier de steward (vous trouverez le récit intégral de cette expérience de vie dans mon roman *L'Homme à la tête de chat*).

Loin de moi l'idée de dénigrer cette fonction, car il faut du sang-froid pour gérer puis maîtriser les situations dangereuses qui peuvent se produire à bord.

Mais il faut tout de même reconnaître qu'il s'agit d'un métier commercial (le sigle PNC signifie Personnel Navigant Commercial) consistant principalement à servir le client (entre autres réchauffer les plateaux repas, préparer les cafés, etc.).

En somme, nul besoin d'être un génie pour accomplir ces tâches de service. Eh bien ! croyez-le ou non : je fus le pire des incompétents à bord, au point qu'un contrôleur aérien me demanda même si j'étais sous un traitement médical quelconque…

C'était en 1995, et à l'âge de vingt ans, je gagnais la coquette somme de 17.000 francs par mois (plus de 2500 euros).

Je suis parti du jour au lendemain, au grand dam de ma famille qui, tirant sur moi à boulets rouges, me promettait un avenir de moins-que-rien.

Bien sûr, j'ai dû assumer mon choix effronté (j'expliquerai le processus dans le chapitre « Le saut de la falaise »). Mais aujourd'hui, je me félicite d'avoir eu le courage de partir et su affronter la peur de perdre ce que j'avais, la peur du regard des autres.

Avec le recul, j'ai compris que la peur aurait pu me rendre malheureux et m'empêcher de vivre cette expérience magique que fut ma vie jusqu'à ce jour.

La bête ne meurt jamais

La maîtrise de la technique dont il est question ici ne se limite évidemment pas à l'acquisition des informations contenues dans cet ouvrage. Il faut de la pratique et de l'expérience. Tranchez une tête de l'hydre, et aussitôt d'autres repousseront ! Mais si vous avez réussi, en toute conscience, à la vaincre une fois grâce à ma méthode, vous saurez sans nul doute reproduire le phénomène. Au bout d'un certain temps, cette pratique deviendra un réflexe, et l'hydre n'aura plus aucune prise sur vous.

« *Ses têtes repousseront, mais le guerrier n'est plus dupe du tour d'illusionniste et plutôt que de perdre son énergie avec un hologramme, il tranchera les têtes de l'hydre aussi souvent que nécessaire. Et un jour, celle-ci se taira à jamais, impuissante et dominée par son maître*[29]. »

Pour lui avoir tranché la tête de nombreuses fois, je sais aujourd'hui qu'elle ne m'arrêtera plus jamais.

Je ne crains aucune menace, ni personne sur cette Terre. Nul ne me dira plus jamais ce que je dois faire ou non.

« *Lorsque l'on veut suivre ses envies et vivre ses rêves, il faut bien souvent aller à contresens d'une majorité d'esprits rationnels qui font barrage avec leurs raisonnements raisonnables : les montagnes de raison. Dissuasives et puissantes, elles imposent la peur et la paralysie.*

C'est alors que le guerrier frappe de toutes ses forces et enfonce son poing dans la roche, son esprit et la rage de vivre sont plus forts que la pierre qui éclate, foudroyée par une énergie qui vient de l'intérieur[30]. »

---

[29] *L'Homme à la tête de chat*, page 162.

[30] *L'homme à la tête de chat*, page 170.

Voilà comment je me comporte face à toutes sortes d'adversités, toute chose qui cherche à s'opposer à mes choix.

Je suis un guerrier devant l'Éternel, sûr de moi, porté par l'intime conviction.

L'Ultime vérité

« C'est là la force du guerrier :
il sait qu'il peut mourir d'une seconde à l'autre
et a définitivement accepté de tout perdre.
Aucune peur ne peut faire trembler le cœur
d'un homme qui a conscience en chaque instant
qu'il peut mourir du jour au lendemain.
Et pour cet homme, tous les rêves sont permis,
et il n'y a aucune limite au champ des possibles[31]*. »*

---

[31] *L'Homme à la tête de chat*, page 285.

« L'ultime vérité » est le titre de ce chapitre un peu particulier. En effet, il n'a pas pour vocation de donner une méthode mais plutôt de signaler l'existence d'un axiome, particule fondamentale nécessaire à notre développement.

Si je ne devais conserver qu'une seule leçon de mon existence ; si on me posait la question : « Qu'avez-vous retenu de la vie ? »...

Je répondrais : « La mort. »

J'ai fréquenté des gourous, des sages, des intellectuels, des penseurs de tous poils, et leurs discours sont comme une nuée de petits navires qui circulent en tous sens sur le grand fleuve de la spiritualité humaine.

L'on peut gloser *ad libitum*, digresser et tout complexifier à qui mieux mieux, nul ne peut échapper à cette vérité concernant l'existence humaine, et encore moins la réfuter :

« ***On va tous mourir, et peut-être d'une seconde à l'autre.*** »

L'ultime vérité n'est pas LA vérité – d'ailleurs qui peut prétendre sérieusement la détenir ? Existe-t-elle ?

Ce que je nomme ainsi est bien plutôt un axiome, c'est-à-dire un postulat admis en raison de son incontestabilité. De cet axiome surgit une mystérieuse énergie qui peut irradier dans toute notre existence jusqu'à la sublimer à l'infini.

Sa puissance réside dans son état de simplicité et de pureté extrême, son caractère granulaire, atome d'une réflexion spirituelle dont les raisonnements sont des agrégats moléculaires, tout comme notre postulat de départ : « Il n'y a pas de monde sans observateur », qui induit la *Théorie du projecteur* et sa pyramide de conséquences déconcertantes.

C'est donc dans son état le plus simple, le plus pur, que cette ultime vérité délivre une lumière qui éclaire le champ des possibles, pour celui ou celle qui la perçoit...

Et parce qu'elle vient après toute discussion, quoi qu'on dise, quoi qu'on pense, elle mérite l'adjectif « ultime ».

Tel a été le message que j'ai voulu transmettre à travers une histoire de trois cents pages et le parcours initiatique d'un guerrier bienveillant.

Les lecteurs ont été nombreux au rendez-vous (vingt-mille à ce jour). Mon livre n'a pas la notoriété de *L'Alchimiste*[32] ou d'un énorme best-seller, mais il a su réunir un lectorat suffisant pour permettre d'observer comment l'humain réagit face à une réalité imparable que je martèle volontairement.

Une étrange différence de perception

Prendre connaissance des commentaires et critiques apparaissant sur Internet, à propos de ce qui représente des années de travail et de recherches, ne manque pas d'intérêt. Il faut bien sûr mettre son ego de côté et les regarder plutôt comme une espèce d'échantillonnage de l'âme humaine.

Voyons donc ce que cela donne…

« *Je suis comme vous, en quête, refusant de me plier et sautant dans le vide… Je n'ai pas encore trouvé. C'est drôle, je n'arrivais plus à lire… mon esprit se baladant trop pour pouvoir fixer ou imprimer des mots… et puis j'ai lu, parmi d'autres, un extrait de votre livre. Par je ne sais quel phénomène, il fallait absolument que je [le]lise (…) Une espèce de sensation installée dans mon cerveau… J'ai eu un peu de difficulté à le trouver mais j'ai finalement réussi en l'achetant directement sur le Net. Je l'ai dévoré, il m'a redonné de la force et je me suis nourrie de chacun de vos mots. Merci.* »

---

[32] *Op. cit.* pages 9 ; 24 du présent ouvrage.

Ce commentaire récompense à lui seul mon travail et mes années de recherches. Je sais parfaitement « par quel phénomène » le lecteur s'accroche au livre pour le « dévorer ». Je l'ai compris après coup, et il en sera d'ailleurs question à la fin du présent ouvrage. Je remercie au passage du fond du cœur tous ces lecteurs adorables qui ont eu la gentillesse de me soutenir.

« *Bsr, je viens de finir votre livre merveilleux. Atteinte d'un cancer du poumon depuis 10 ans et toujours en soin, j'ai apprivoisé ma mort. Un énorme merci car vous êtes le seul à comprendre et à avoir mis des mots sur ce que je ressens [et que] d'autres malades doivent ressentir[aussi]. Je recommanderai vivement le livre à ma pneumo que je vois demain pour mon traitement. Merci de m'avoir regonflée à bloc. À quand le prochain livre ?* »

Ce témoignage est à la fois très touchant et très intéressant.

Je ne suis pas malade d'un cancer et ne l'ai jamais été ; pourtant, je suis le « seul à comprendre et à avoir mis des mots » sur ce que cette personne « ressent ». Comment elle et moi nous comprenons-nous à travers mes mots ? D'où vient cet espace d'échange universel dans lequel nous nous sommes croisés ?

Je parle un langage qu'elle semble parfaitement appréhender alors qu'on ne se connaît pas.

À d'autres en revanche, cette zone de partage semble invisible, voire inaccessible :

« *Histoire d'un homme qui ne veut pas rentrer dans le moule de la société. Il tente de vivre selon son rêve pour se rendre compte à la fin qu'on meurt tous.* »

Tout l'art du résumé !

Pensez-vous vraiment que j'ai attendu quarante-six ans pour m'apercevoir qu'on « meurt tous » ?

(C'est ce que j'aurais répondu à ce lecteur si j'en avais eu l'opportunité !)

J'avais pourtant prévenu au début du chapitre douze :

« *L'ultime vérité est à la fois invisible et présente tout autour de nous, comme un joyau inaccessible. En effet, sa lumière est recouverte par l'écrin d'un énorme paradoxe. L'évidence et l'apparente simplicité de ce qui suit cachent un trésor qui exige donc l'humilité de celui ou celle qui veut y accéder*[33]. »

En effet, derrière la simplicité de formulation de l'ultime vérité, se cache la plus énorme des révélations : une force et une énergie incommensurables qui donnent accès à une réalité beaucoup plus vaste ; à une autre vie.

Quand j'étais petit et que je ne trouvais pas quelque chose qu'elle me demandait de lui rapporter, ma mère me disait : « Si elle avait des cornes, elle te crèverait les yeux ! »

Une petite bourrade qui, certes dans un autre style, confirme mes propres dires !

Il y a donc quelque chose d'énorme, que certains perçoivent et d'autres pas.
La question importante ici, découlant de mes observations, est la suivante : Comment expliquer cette différence de perception ?

La réponse à cette interrogation nous apportera des éléments de réflexion indispensables à l'appréhension de l'ultime vérité et peut-être aussi une nouvelle clé pour y accéder.

Comme entrée en matière, je vous propose un petit test : lisez bien la phrase ci-après durant dix bonnes secondes ; et ensuite seulement, reportez-vous aux résultats du test.

TU VAS MOURIR

ET CELA PEUT ARRIVER D'UNE SECONDE À L'AUTRE !

[33] *L'Homme à la tête de chat*, page 284.

Quelle est la réaction qui vous correspond le plus ?

A. Ce type me prend pour un(e) idiot(e), comme si je ne le savais pas !

B. Voilà qui donne matière à réflexion.

C. C'est bon ! Je change de vie !

Vous êtes peut-être dans le cas A. Et c'est ce qui semble le plus naturel, car la phrase que je vous ai demandé de méditer pendant dix secondes relève de l'évidence [si vous êtes dans les cas B ou C, attendez de lire ce qui suit pour en être bien certain(e)s !].

Vous vous dites donc, et de façon totalement légitime : « Je le savais déjà. »

Tout est là : il existe une différence fondamentale entre ***savoir*** et ***avoir conscience***.

La différence entre savoir et conscience

Pour illustrer plus clairement ce concept, j'utiliserai l'image de la cloison en béton.

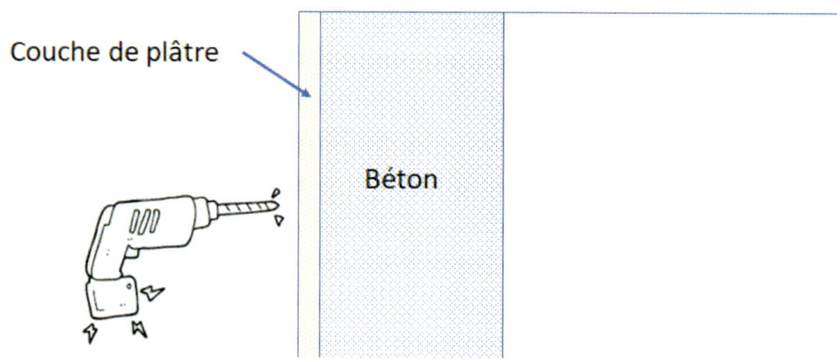

Vous avez sans doute déjà fait un peu de bricolage et essayé de percer un mur en béton.

En superficie, on tombe en général d'abord sur une fine couche de plâtre (de 5 ou 10mm) ; puis, juste derrière, sur une couche de béton (parfois armé).

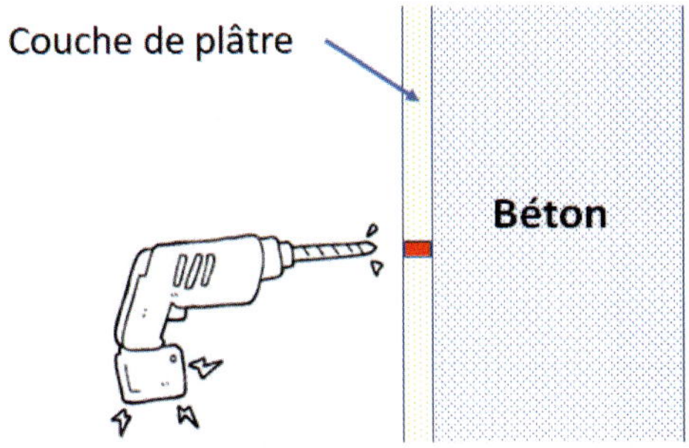

Lorsque vous vous attaquez à la paroi avec une petite perceuse, vous venez à bout très rapidement de la fine couche de plâtre, puis vous vous heurtez à quelque chose de beaucoup plus dur, qui résiste et que votre mèche n'arrive pas à traverser.

Pourquoi cette image ? Parce qu'il existe plusieurs couches de compréhension chez l'humain. Au moins deux.

Il y a d'abord la couche cognitive. C'est celle du savoir, la plus superficielle. On l'atteint par la parole, l'écrit, ce que l'on perçoit par des moyens simples.

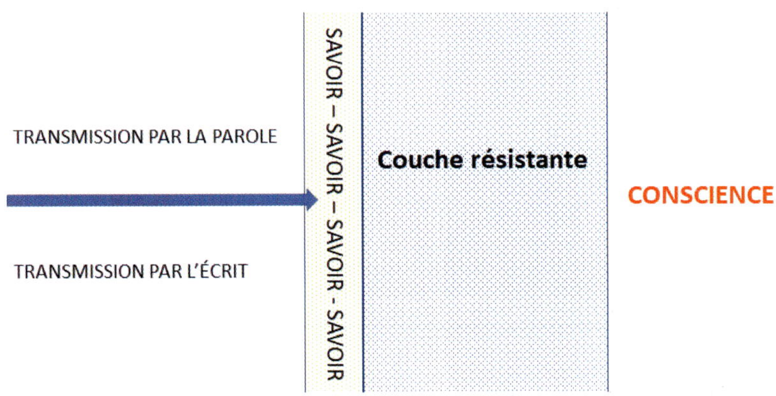

Loin derrière cette couche cognitive, au fond de l'être, se trouve une zone que l'on appelle la conscience.

Elle est cachée derrière une épaisse couche qui la rend difficilement accessible par les moyens de communication usuels.

L'« épaisse couche » en question est faite de nos « résistances », terme une nouvelle fois volontairement emprunté au jargon des psys, puisque comme vous le savez déjà, j'ai longtemps travaillé avec le grand docteur psychiatre Ferrano.

Il est totalement normal, voire légitime, de résister.

Comment accepter si facilement l'idée que l'on va mourir ?

Le Livre tibétain de la Vie et de la Mort[34] consacre plusieurs centaines de pages au sujet pour nous donner quelques clefs, alors il serait bien prétentieux de dire que l'idée passe comme un verre de jus de pomme !

Je ne suis pas en train de conseiller de s'en réjouir ou d'y être indifférent, mais bien d'en devenir pleinement conscient.

Cependant mes propos, qui font ici office de petite perceuse, ne parviendront sans doute pas à percer la couche de béton : il faudra que quelque chose de beaucoup plus puissant survienne dans le monde phénoménal pour atteindre cette fameuse zone de conscience.

Dire certaines vérités ou les entendre, les écrire ou les lire ne suffira pas.

Le choc de la conscience

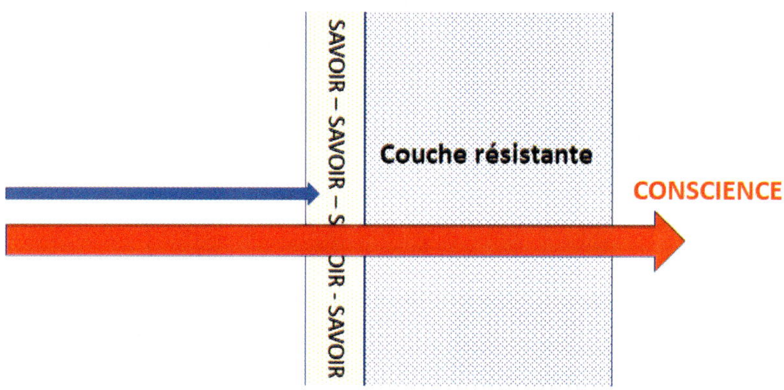

C'est hélas bien souvent à l'occasion d'un choc violent, tel un drame, que la conscience peut être atteinte et nous permettre ensuite d'accéder à cet état psychique intérieurement modifié de façon définitive.

[34] Sogyal Rinpoché, éd. de la Table Ronde, 1993.

Car vous n'oublierez jamais ce que vous avez appris en cette occurrence, et ce à quoi vous avez touché.

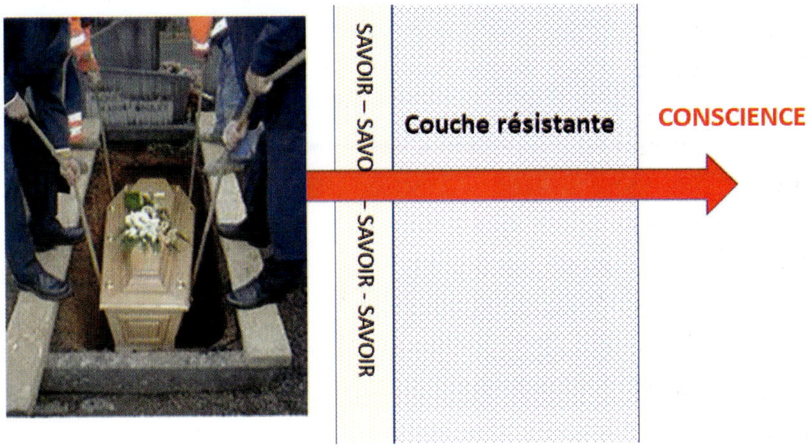

Vous avez sûrement déjà vécu un deuil, faisant suite au décès d'une personne dont vous étiez plus ou moins proche. La peine éprouvée à cette occasion aura peut-être suffi à vous éveiller à cette ultra-réalité.

Mais il se peut fort que non.

Il a en effet été constaté que deux types d'événements « favorisent » en quelque sorte l'accès à cet état de conscience :

1. La vision d'une mort subite et violente d'un proche :

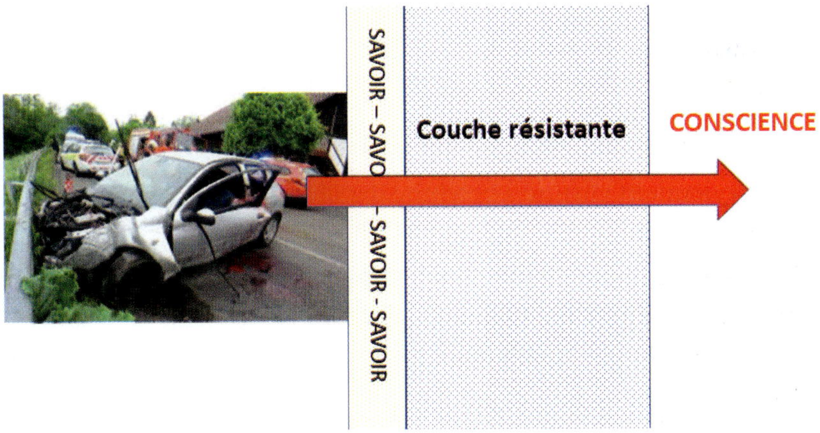

2. L'expérience de mort imminente :

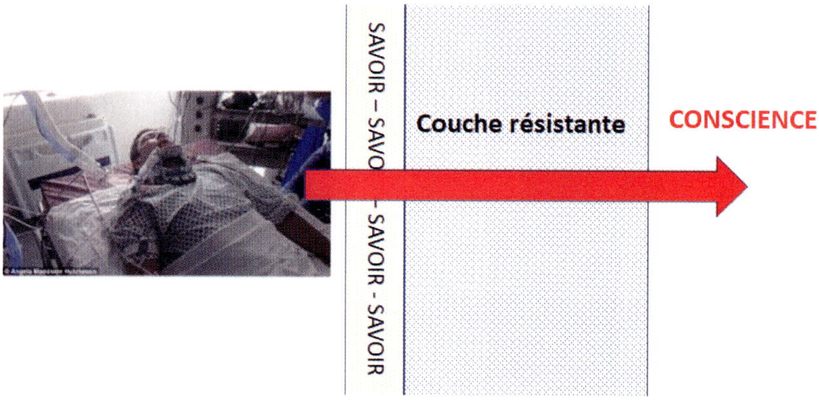

Il existe une foultitude de témoignages et d'ouvrages sur ce sujet. Je vous conseille par exemple *La Source noire*[35], où des scientifiques observent de près le phénomène et recensent les témoignages de ceux qui sont « passés de l'autre côté », puis revenus.

Leur retour à la vie s'est effectué avec un état de conscience qui a modifié leurs comportements et changé le cours de leur existence, leur façon de voir les choses…

La transformation du projecteur

La modification de l'état de conscience liée à un choc brutal induit une modification interne du projecteur, et donc tout logiquement de l'univers qu'il produit.

C'est pourquoi les individus qui ont été confrontés brutalement à la mort parviennent ensuite à produire des changements « miraculeux » de leur existence.

Ils ne se comportent plus comme « avant » ; car il y a bien un *avant* et un *après*.

[35] *La Source noire – Révélations aux portes de la mort*, Patrice Van Eersel, éd. Grasset, 1986.

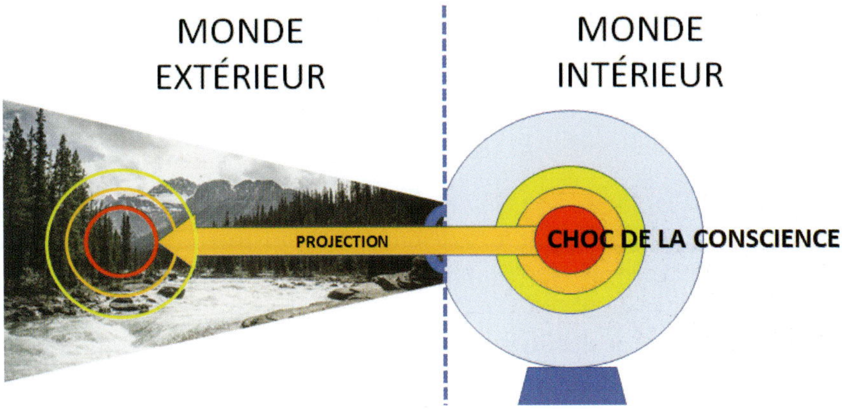

Il n'existe donc pas de « méthode », à proprement parler, pour atteindre cet état de conscience. En revanche, on peut constater que des êtres ayant subi un choc violent en frôlant la mort, ou qui l'ont vue de près en tant que témoins, ou encore qui ont vécu une « mort clinique » – Expérience de Mort Imminente (EMI) ; *near-death experience* » (NDE) – l'ont, eux, atteint. Cette modification de la conscience entraîne tout logiquement une modification du projecteur et donc de leur réalité.

Je vous propose, pour suivre, des témoignages de vies qui illustrent cet état de fait.

La renaissance d'Alain Ducasse

Nous sommes le 9 août 1984. Le chef (récemment étoilé) Alain Ducasse a vingt-sept ans et il embarque à bord d'un avion de tourisme depuis Saint-Tropez avec trois autres passagers. Il part à destination de Courchevel pour superviser les travaux d'un restaurant qu'il doit diriger.

Pendant le vol, la météo se dégrade. Gêné par les nuages, sans visibilité, le pilote décide de voler plus bas. Trop bas.

Il percute une montagne.

Quand les secours arrivent, Alain Ducasse est le seul survivant, c'est un miraculé. Il lui faudra un an d'hôpital, treize opérations et une longue rééducation pour réapprendre à marcher.

Ses amis témoignent : « Il y a eu *avant* et *après*, l'homme a changé. Il a fait un bond en avant à la suite de cela. De toute évidence, il a regardé la vie différemment. Il la dévorait ! »

À force de « dévorer » la vie, il a construit un empire : vingt-trois restaurants, dix-huit étoiles au Guide Michelin !

Avant l'accident, Alain Ducasse était chef cuisinier à Juan-les-Pins, sur la Côte d'Azur. Il avait certes obtenu deux étoiles, mais sans avoir encore créé aucune entreprise.

Curieusement, à peine s'est-il entièrement reconstruit après son accident que des opportunités se créent dans la réalité, et il les saisit à bras-le-corps : elles font de lui un serial-entrepreneur, avec la réussite phénoménale qu'on lui connaît. Comme le confirme son entourage : il y a eu l'homme d'*avant* et celui d'*après.*

Et l'on peut parier sans risque sur le fait que l'homme de *l'avant* n'aurait pas eu le courage suffisant pour réaliser une telle performance.

Le rêve de Victor

À l'âge de vingt ans, mon frère Victor, en séance chez le dentiste, est soudain pris d'un violent malaise.

Aussitôt conduit aux urgences de l'hôpital d'Évry, on lui fait passer une IRM qui révèle une tumeur de la taille d'une orange au niveau du plexus solaire.

Il est transporté à Paris. Diagnostic : leucémie lymphoblastique aiguë.

C'est une des formes les plus virulentes de ce cancer du sang.

La famille est effondrée. Les chances de survie de Victor sont minces.

Frappé de plein fouet par cet événement, je me rendais régulièrement à l'hôpital pour visiter mon frère et l'accompagner psychologiquement. À le voir, je n'imaginais pas qu'il pût mourir. Il avait un moral d'acier, gardait le sourire et s'alimentait bien – jusqu'à liquider le contenu de deux plateaux repas !

Les échanges que nous avions étaient des plus agréables. Il s'en dégageait une force et une rage de vivre qui nous rapprochaient, comme deux guerriers qui communiaient.

Je le revois, comme fixant le monde par la fenêtre de sa chambre et jurant que s'il s'en sortait, rien ne l'arrêterait plus.

Six mois de chimiothérapie lourde s'ensuivirent au cours desquels il traversa l'enfer.

Mais le guerrier a vaincu le mal.

Au bout d'un semestre passé à l'hôpital, il sort. Imberbe, mais il sort ; heureux. Plus tard, l'annonce officielle tombe : la maladie est en rémission totale.

Avant son cancer, Victor, comme beaucoup de jeunes, ignorait ce qu'il allait faire de sa vie. Nous avons tous chéri un rêve inaccessible ; celui de mon frère était de devenir patineur sur glace professionnel.

Autant dire une hérésie, car il eût fallu commencer très jeune et s'engager dans un parcours « sport études » ; il avait déjà dépassé l'âge pour ce type de carrière.

De ce fait, avant sa maladie et sans doute par dépit, il avait entrepris un BTS en alternance dans l'immobilier.

Mais la victoire contre le cancer entraîna un changement chez mon frère ; la transformation était perceptible dans son regard.

« *Ceux qui auraient voulu autrefois le dissuader des ambitions "irréalistes" ne s'opposeraient plus à lui.*

Car rien n'arrête un guerrier revenu de l'enfer. "Bienvenue parmi nous petit frère", pensai-je lorsque je vis dans le fond de ses yeux la flamme de l'invincibilité, cette lumière rayonnante qui me rappelait le sens de mon existence[36]. »

Peu après sa maladie, il est contacté par l'un de ses amis qui lui propose de passer un casting pour une tournée de spectacles avec… Philippe Candeloro[37] !

---

[36] *L'Homme à la tête de chat*, page 274.

[37] Patineur artistique médaillé de bronze aux Jeux olympiques d'hiver de 1994 et 1998 ; vice-champion du monde en 1994.

Il est pris. Et il part en tournée durant plusieurs mois avec celui qui sera son mentor, spécialiste d'une acrobatie nommée *back flip*[38].

Aujourd'hui, Victor possède sa propre société de production et produit des spectacles de « freestyle » sur glace (« *FreeStyleOnIce* »), faisant intervenir des champions de cette discipline venus du monde entier.
Il vit de sa passion.

La transformation du projecteur et la répercussion dans le monde phénoménal sont ici flagrantes et indéniables. Comment Victor aurait-il pu produire un tel miracle et ainsi modifier le cours de son existence ?
Dans son cas, deux facteurs s'additionnent pour rendre le miracle possible :

1. **L'alignement avec le moi**
   Victor a toujours été un acrobate et un grand sportif. Même avant sa maladie. Il était doué et cela se voyait.

2. **La conscience de l'ultime vérité**
   Il n'avait toutefois pas le courage de se lancer, d'y croire assez, sans doute freiné par des montagnes de raisons. Lorsqu'il a intégré qu'il n'avait rien à perdre, il a osé. Une force nouvelle l'habitait.

La morsure du chat

Je n'oublierai jamais ce qui s'est passé il y a vingt-cinq ans, le 28 février 1994 pour être précis.
Je rentre un vendredi soir et trouve ma mère devant sa télévision ; un étrange bandage lui enserre le bras de la main jusqu'au coude.
Elle s'est fait mordre par l'un de ses chats en jouant avec. En quelques heures, son bras est devenu rouge et a enflé.
Mais ce n'est sans doute rien.
Samedi : 41°C de fièvre, direction les Urgences. La situation semble sous contrôle.

---

[38] Salto arrière.

Dimanche matin : le visage de ma mère est déformé. Une violente bactérie, non identifiée, a ravagé ses poumons. Des antibiotiques à large spectre lui sont administrés. On ne SAIT PAS ce que c'est.

Lundi 28 février, 4h du matin : arrêt du cœur, décès.

On n'a jamais pu déterminer ce qui s'était produit. La mise en culture de la bactérie n'a rien donné.

Ma mère était tout pour moi. Si elle était morte « des suites d'une longue maladie » comme on dit, j'aurais peut-être pu apprivoiser l'idée de sa disparition, tenter de rationaliser l'événement. Mais non. Elle est partie du jour au lendemain parce que son chat l'a mordue et lui a inoculé une bactérie foudroyante, à l'époque inconnue de la médecine.

Comment pareille chose est-elle possible ?

Elle l'est.

Il m'a bien sûr fallu du temps pour m'en remettre. Mais au-delà du drame en soi, j'ai tiré de cet événement une force qui m'accompagne chaque jour de ma vie.

Sept années après sa mort, « le » déclic se produisit en Polynésie, où je me fis tatouer un chat sur l'épaule gauche.

Pourquoi cela ?

Tout simplement parce que ce chat représente la mort pour moi et que cette dernière doit être omniprésente dans chacun de mes gestes, chacun de mes choix importants. Pour ne jamais oublier ce qui s'est passé le 28 février 1994 – ne jamais oublier que moi aussi, je peux mourir du jour au lendemain. Et surtout ne jamais oublier que demain, il sera peut-être trop tard.

Depuis, je vis comme si aujourd'hui était le dernier jour de mon existence – ce qui m'a permis d'oser de nombreuses folies.

Quatre ans après le fameux déclic, j'ai quitté mon poste de salarié pour m'établir à mon compte puis créer ma première entreprise.

Si on devait comparer mon projecteur à celui de mon frère Victor, je dirais que le processus s'est déroulé dans le sens inverse :

1. **Conscience de l'ultime vérité**
   Je l'ai acquise à la suite du choc brutal provoqué par le décès inexplicable de ma mère.

2. **Alignement avec le moi**
   Quelques années me furent nécessaires, après la mort de ma mère, pour me rendre compte que ce que j'essayais d'entreprendre n'était pas dans l'alignement du moi. Au total, il me fallut une quinzaine d'années pour atteindre ce stade.

Lorsque ces deux conditions furent réunies, tout fonctionna comme par enchantement.

Je dis souvent : « Je vis en mode bonus. »
Cela signifie que j'ai été heureux, et que chaque nouveau jour est un supplément dont je profite au maximum, tout en sachant que ce sera peut-être le dernier.

La mort est imprédictible

« L'ultime vérité » contient en fait deux composantes essentielles : c'est l'union de ces deux vérités qui la rend aussi puissante.

1. On va tous mourir.
2. Cela peut arriver d'une seconde à l'autre.

Nous n'applaudissons certes pas à ce genre de constat mais pour accéder à l'état de conscience que j'appelle « l'ultime vérité », il va pourtant falloir l'intégrer.

« *Aussi imprévisible qu'un coup de vent qui arrache le chapeau de la tête du marcheur, elle passe sans prévenir pour reprendre ce qui lui appartient de droit. Car tout comme la naissance, la mort appartient au divin et nous n'avons aucun contrôle sur elle, qu'on le veuille ou non.*
Je l'ai vu de mes propres yeux : on peut survivre au pire des cancers et mourir de la morsure d'un chat[39]. »

On croit parfois que la mort est là, alors que non, ce n'est pas l'heure – comme nous l'avons vu pour mon frère Victor.
On croit aussi souvent que tout va bien, alors que la Faucheuse est

[39] *L'Homme à la tête de chat*, page 284.

là et que nul ne l'a vue venir – comme en atteste la morsure du chat qui a tué ma mère.

La mort n'obéit à aucune loi et échappe bien souvent à toute logique, frappant quand et où elle le souhaite, que nous l'acceptions ou non. Car même si la médecine accomplit de constants progrès, même si l'homme croit pouvoir tout maîtriser, la Camarde continue de faire ce qu'elle veut. J'en donne pour exemple les puissants protocoles thérapeutiques visant à lutter contre un cancer : qui décide de la branche de l'algorithme que nous allons emprunter ? Je l'ai bien vu avec Victor et ses voisins de chambre. Greffe de moelle osseuse ? Pas greffe ? Tu sors ? Tu restes ?

Beaucoup ont quitté l'aventure, lui est resté.

La mort est **imprédictible.**

Jérôme

Mercredi 1er juin 2016

Je déjeune avec Jérôme, mon collaborateur, dans un restaurant près de chez un client. Jérôme a 33 ans, il me parle de son fils de six ans (qui a le même âge que le mien). Nous nous entretenons aussi de sa carrière, de ses envies, de l'augmentation prévue pour lui. Nous passons un bon moment.

Lundi 6 juin 2016

Jérôme est en retard au travail, le client chez qui il devait être m'envoie un mail pour m'en informer et savoir si j'ai des nouvelles de lui. Ce n'est pas son habitude. Il est précis et ponctuel, quasiment infaillible. Je sens l'odeur de la mort.

À 11h, son beau-frère me prévient que l'Alfa Romeo de Jérôme a percuté un arbre sur la route qui mène à la gare SNCF.

Il est mort sur le coup.

On a retrouvé des pièces du moteur de son véhicule à des kilomètres de l'arbre.

Voilà, c'était pour moi l'occasion de rendre hommage à Jérôme, ainsi qu'à sa petite famille.

« *On l'a tous croisée au moins une fois, cette réalité incontournable, celle qui nous rappelle que notre histoire se termine de cette façon, qu'on le veuille ou non. Celle que l'on ne contrôle pas, qui viendra nous chercher quand elle le voudra. Un cancer du poumon, une voiture qui heurte un platane, une rupture d'anévrisme, un attentat, le naufrage d'un Titanic, un tsunami, tous les moyens sont à sa portée, même la morsure d'un chat*[40]… »

Se rapprocher de l'ultime vérité

En rédigeant ce chapitre, je persiste à croire, avec la plus grande bienveillance, que tout un chacun peut accéder à cet état de conscience qui rend nos capacités infinies – et ce sans qu'il soit besoin de subir un grave accident ou de voir sa mère inexplicablement mourir, du jour au lendemain, de la morsure d'un chat.

Cependant je n'ai pas, à proprement parler, de méthode ou de plan à fournir pour vous permettre de disposer d'un accès direct à cet état de conscience. Cela serait prétentieux de ma part, d'autant que chacun a son chemin personnel pour y arriver, à travers sa spiritualité propre, les religions, son expérience de vie.

Je ne peux que partager avec vous mon propre parcours, en vous expliquant comment s'est produite cette prise de conscience (ce que je me suis employé à faire dans le passage « La morsure du chat »).

Cela dit, je suis un simple humain, avec comme vous mes préoccupations matérielles, mes batailles dans la réalité : parfois je me laisse emporter par ce tourbillon qui me fait oublier l'axiome que j'appelle « l'ultime vérité».

J'ai donc décidé d'enrichir ma propre connaissance de la mort en me rendant à sa frontière. Cela m'a permis de « remettre mes pendules à l'heure », si vous m'autorisez cette expression, et de me rapprocher de l'axiome essentiel afin de gagner en spiritualité.

C'est mon expérience que je vous livre ; par définition elle m'est spécifique et peut susciter diverses réactions, entre adhésion et rejet.

[40] *L'Homme à la tête de chat*, page 279.

Dans cette optique, voici le poème qui figure au chapitre 11 de *L'Homme à la tête de chat*[41] :

L'odeur de la mort

Sens-tu le bouquet divin ?
D'un matin assassin
Je me couche et t'étreins
Dans ce lit sans lendemain

Même si tu crains le pire
Ma lumière fauve t'attire
Je les ferai souffrir
Mais je te ferai jouir

Caresse-moi et mange-moi
Je suis la plus fidèle
Des douleurs immortelles
Et des beautés cruelles

Bois ma virginité
Prends ma vie sans offense
Je veux te voir goûter
L'immaculée souffrance

Attends-tu que je te prenne
Juste avant de t'enfuir
Est-ce la peur qui te freine ?
Il est temps de partir

---

[41] Page 261.

Ce poème a aussi été publié sur Facebook, et à cette occasion j'ai remarqué, en lisant les commentaires, que certaines personnes en avaient été choquées, voire effrayées en raison de son aspect « gothique ».

La mort est ici personnifiée ; c'est une femme avec laquelle on ferait l'amour. Dans sa cruauté et son indécence, elle nous demande de la caresser, puis nous ordonne de partir avant qu'elle ne nous prenne.

Mon but n'était évidemment pas de choquer mais de délivrer le message suivant : il faut caresser la mort, l'accepter et vivre en l'ayant acceptée ; vivre pendant qu'il en est encore temps.

Il est légitime de se demander comment je m'y suis pris pour « caresser la mort », approcher le fauve pour tenter de l'apprivoiser.

Lorsque mon frère Victor était soigné à l'hôpital Saint-Louis, à Paris, j'ai beaucoup appris en lui rendant visite très régulièrement. Pénétrant en ce lieu j'ai d'abord ressenti une impression de calme et d'apaisement comparable à celle que j'aurais pu éprouver en entrant dans une église.

Ce fut comme si je laissais mon sac, mes vêtements, mes soucis à l'entrée pour atteindre un état de nudité psychique.

Le service oncologie est étrangement silencieux. Des machines clignotent sans bruit, les chambres sont comme hors du temps ; la Terre semble s'être arrêtée de tourner.

Aussi bizarre et paradoxal que cela puisse paraître, je me sentais bien en ce lieu que la mort ne manquait pas de fréquenter avec assiduité.

Cela mérite bien sûr quelques explications de ma part – qui aideront peut-être certain(e)s d'entre vous qui êtes confronté(e)s à des émotions identiques ou approchantes.

Ma tante avait un cancer généralisé ; je l'ai accompagnée jusqu'à la fin. Pour soutenir ma cousine d'abord, mais aussi parce que j'ai voulu saisir cette occasion pour faire une parenthèse dans ma vie et me rendre à la frontière de l'au-delà.

Qu'entends-je donc par là ?

Dans cette sorte de lieu où des vivants s'apprêtent à passer de l'autre côté de ladite frontière, les soucis atteignent un certain point de dérision puis d'effacement : lettre des impôts, conflit d'ordre professionnel, tracasseries de tous ordres… pour ma part tout s'évaporait de mon esprit.

La situation qui me faisait face était d'une telle gravité, d'une telle puissance qu'elle imposait le respect, le silence, et une mise en retrait de mes propres préoccupations. Que pouvaient donc représenter mes petits problèmes alors que je regardais droit dans les yeux celle qui allait partir ?

J'étais nu et humble devant la mort. Enveloppé par cette sorte d'ambiance recueillie, déjà évoquée plus haut, que l'on trouve dans une église fraîche et calme.

L'impression de pureté et de blancheur que suscite en moi l'hôpital me plonge dans cet état de grâce d'un genre un peu particulier. Et quand je suis vraiment face à la mort, plus rien ne compte. Il n'y a plus de peurs, plus de tracas : j'en suis lavé.

Imaginons à présent que nous puissions tous vivre dans cet « état de grâce » au quotidien…

Imaginons que pour chacun de nos choix, nous soyons éclairés par cette évidence qu'en définitive, *rien* n'est important...

Pour ma part, lorsqu'un de mes proches est malade ou mourant, je le visite et l'accompagne si besoin est. Ce faisant, je ne manque pas de m'imprégner de l'atmosphère qui règne « là-bas ».

Je vais respirer l'odeur de la mort.

L'ultime vérité est un état de conscience dans lequel la mort est présente à chaque instant. Non pas comme une peur, mais comme une alliée.

J'indique cette fois la totalité du passage déjà cité à propos de Jérôme :

« *On l'a tous croisée au moins une fois, cette réalité incontournable, celle qui nous rappelle que notre histoire se termine de cette façon, qu'on le veuille ou non. Celle que l'on ne contrôle pas, qui viendra nous chercher quand elle le voudra. Un cancer du poumon, une voiture qui heurte un platane, une rupture d'anévrisme, un attentat, le naufrage d'un Titanic, un tsunami, tous les moyens sont à sa portée, même la morsure d'un chat…*

Alors plutôt que de lutter ou de l'ignorer, ou de croire naïvement que l'on peut la contrôler, nous, pauvres fourmis perdues dans un des mondes des mondes de l'univers, pourquoi ne pas s'en faire une amie, et même plus : une puissante alliée ? Car l'accepter et caresser le chat, c'est vivre dans l'ultime vérité, une dimension dans laquelle le guerrier est invincible[42]. »

Rien n'est plus dangereux qu'une personne qui n'a plus rien à perdre.

Si vous atteignez cet état de conscience, vous prendrez toutes vos décisions en ayant toujours cela à l'esprit, et vous oserez – sans peur. Car oui : en réalité, vous n'avez rien à perdre.

Certain(e)s d'entre vous réagiront aussitôt à cette dernière assertion. Parce qu'elles et ils sont des parents, ils me diront : « Ce n'est pas pour moi que j'ai peur, mourir m'est égal, mais je ne veux pas abandonner mon enfant. »

Je suis père aussi, et le jour où est né mon fils, j'ai bien senti le risque que cet événement devienne mon talon d'Achille, la faille du guerrier. Même chose vis-à-vis de ma femme bien aimée. Croyez-vous que l'idée de les quitter me ravit ?

Bien sûr que non ! mais il m'a fallu dépasser ce stade de perception, y compris dans ce domaine fortement émotionnel.

Si je commence à avoir peur de la mort, pour quelque motif que ce soit, c'en est fini pour moi, le guerrier ira à la casse, et ce pourrait bien être le repos final pour lui.

Alors ce sera le prix à payer pour la liberté, et surtout pour accéder à la plénitude de l'ultime vérité. Une fois de plus, il faudra ACCEPTER.

[42] *L'Homme à la tête de chat*, page 279.

Le saut de la falaise

« Le saut de la falaise est le propre du guerrier.
Plus qu'un rite sacré, il constitue un passage incontournable
pour quiconque veut transcender sa condition et
aller plus loin à la poursuite de ses rêves.
Pour y arriver, il doit lâcher prise avec les peurs
qui le retiennent en acceptant la chute et
toutes les conséquences qui en résultent.
Il s'agit ici d'un sacrifice car il faut abandonner une
situation parfois confortable pour se jeter dans l'inconnu,
sans aucune garantie de réussite[43]*. »*

---

[43] *L'Homme à la tête de chat*, page 174.

Introduction

Il est des moments dans la vie où l'on se trouve face à un choix difficile, avec une décision à prendre qui fait peur. Un peu comme si nous étions pris de vertige au bord d'une falaise. Nous avons tous été confrontés à cela au moins une fois dans notre vie.

- Vous ne supportez plus la situation dans laquelle vous êtes (vie familiale, vie professionnelle) ?

- Vous n'avez plus envie de vous lever le matin pour aller au travail ?

- Vous voulez mener à bien un vieux rêve mais vous n'osez pas, tant il vous paraît irréaliste ?

- Vous êtes sur le point de sauter mais vous avez peur ?

Ce chapitre est le vôtre.

Nous avons vu précédemment comment gérer la peur. Nous nous reposons sur « l'ultime vérité » qui à elle seule décide de tout.

Nous sommes donc à présent armés pour nous lancer dans l'aventure, celle de notre propre vie. Car si nous avons bien intégré que tout peut s'arrêter d'un instant à l'autre, alors il n'y a plus une minute à perdre pour être heureux et tout tenter.

Ayant accompli ce « saut de falaise » de nombreuses fois, je suis en quelque sorte un « habitué », alors ce n'est pas moi qui vous freinerai dans votre élan. Bien au contraire !

Mais mieux vaut tout de même vous y préparer, et c'est la raison d'être du présent chapitre, au cours duquel je vous expliquerai, en m'appuyant sur mon propre vécu, à quoi vous devez vous attendre après le « grand saut » vers l'inconnu.

« Inconnu » est bien le mot, car aucune garantie de réussite ne vous est consentie.

Nous pointons là le cœur du problème : vous lâcherez une liane sans en avoir saisi une autre.

On dit souvent « qui ne risque rien n'a rien ». Si tout était écrit d'avance, si nous avions l'assurance que la réussite est au bout du risque que nous prenons, ce serait trop simple ! Tout le monde tenterait une carrière d'artiste, ou bien se lancerait à l'assaut de l'Himalaya ! Sans parler de la foule qui se rendrait au greffe et à la chambre de commerce pour monter sa propre affaire, parfaitement à l'aise après avoir envoyé balader son patron…

Ce serait trop facile !

Si vous n'avez pas peur, c'est déjà un très bon début. Mais attention tout de même à l'éventuel excès de naïveté qui vous ferait vous lancer dans l'aventure la fleur au fusil et le nez au vent.

« *Alors j'emprunterais ce sentier solitaire, à la poursuite de mon destin merveilleux, avec la seule chose qui me restait : la foi portée par la conviction que le seul chemin à prendre était celui de mes rêves*[44]. »

Oui, cette « seule chose » qui nous reste, cette « foi » ajoutée à la conscience de « l'ultime vérité », légitiment le saut de la falaise, et je maintiens que c'est la bonne voie. Mais il faut être conscient de ce que cela implique, et qui vous est décrit dans le processus ci-dessous.

Jetez-vous à l'eau, oui, mais n'oubliez pas votre gilet de sauvetage !

L'origine du processus

Le cœur, en plus d'être responsable de la circulation sanguine, est un organe psychique. Complètement indépendant de nos peurs et autres inhibitions mentalisées, il est le haut commandeur de nos envies, de nos désirs.

[44] *L'Homme à la tête de chat*, pages 176 et 177.

« Fais ce qui te tient à coeur », « écoute ton cœur », « si le cœur t'en dit », etc. Toutes ces phrases que nous avons l'habitude d'entendre ont un sens qui va au-delà de l'expression toute faite. Et du point de vue de la médecine traditionnelle chinoise, cela nous apparaît comme admis.

Le cœur peut donc être considéré comme un « être » à part entière qui vit, s'exprime, jouit mais souffre aussi. Il nous parle et nous envoie des injonctions pour se faire respecter.

De quoi a-t-il besoin pour être heureux ?

LES BESOINS DU COEUR

- ENVIES
- PASSION
- PLAISIR

Le cœur est en quête d'envies, de passion et de plaisir.

Or, les situations que nous vivons, notre condition ne répondent pas forcément à ces trois critères !

Il se peut même que notre vie n'y réponde aucunement, ou très peu, d'où l'origine du processus.

L'ORIGINE DU PROCESSUS

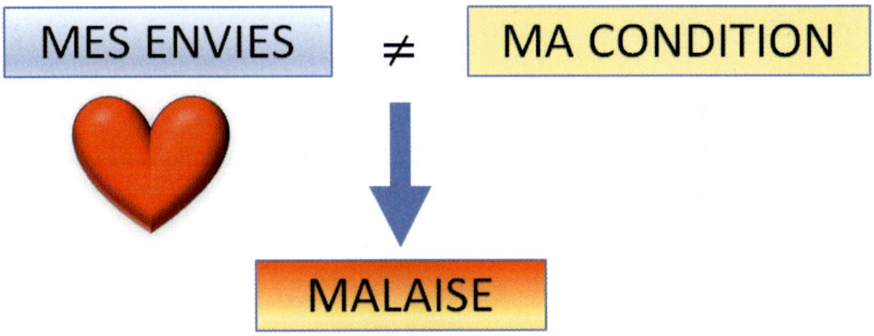

Si notre condition de vie est trop éloignée de nos envies, celles que dicte le cœur, alors nous ressentons un malaise. Plus ce que nous faisons au quotidien est en décalage avec le cœur, plus le malaise est aigu.

SI TU NE L'ÉCOUTES PAS...

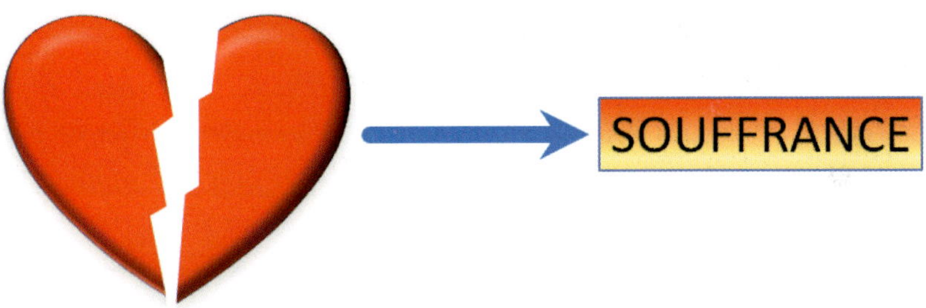

Si nous nous obstinons à ne pas écouter un cœur qui hurle son envie, si nous continuons à l'ignorer, ce cœur souffre et la somatisation est proche.

J'ai compté le nombre d'occurrences du mot « cœur » dans mon roman *L'Homme à la tête de chat* : 74 sur 288 pages, ce qui fait une fois toutes les quatre pages. Je ne m'étais moi-même pas rendu compte de l'importance que je lui attribuais…

C'est donc bien le cœur qui doit dicter nos choix. C'est lui que nous devons écouter. Rien et personne d'autre.

Mais quand est venu le moment de faire des choix en fonction de lui, et de forger ainsi nos décisions et notre destin, survient souvent une difficulté majeure.

Les montagnes de raison : l'ennemi numéro un.

Les montagnes de raison représentent une catégorie de gens que je n'aime pas : ils savent toujours mieux que vous ce qu'il est bon de faire ou non pour votre propre vie. Et ces montagnes-là n'iront pas dans votre sens…
Vous avez cru bon de demander un avis à votre mère ou à vos amis, lesquels sont souvent eux-mêmes pétris de peur et dans des situations inconfortables.

Ils vont tenter de vous dissuader !

« *J'avais commencé la musique tardivement et n'avais jamais appris le solfège ni toutes ces choses qu'il aurait fallu aborder très jeune pour qu'un tel projet fût crédible aux yeux de ceux qui savent toujours pour vous ce qui est bien de faire ou non. Car ces gens qui n'ont rien fait de leur vie se sentiront toujours mieux si les autres autour d'eux roulent sur la même route en bitume sur laquelle ils s'ennuient depuis si longtemps qu'il leur est maintenant impossible de faire demi-tour.*
Si tout à coup ils se trouvaient seuls sur leur chemin raisonnable et que par malheur vous accédiez au bonheur en empruntant la voie devant laquelle ils ont renoncé par manque de courage, ils seraient alors convaincus qu'ils ont gâché leur vie et en mourraient[45].»

---

[45] *L'Homme à la tête de chat*, page 42.

Au moment où vous vous apprêtez à sauter, il va falloir les affronter. Je vous conseille de ne pas vous mettre en colère, et d'éviter de leur en vouloir. Il faut comprendre leur mode de fonctionnement. Ces personnes ont certainement eu jadis l'opportunité d'ouvrir une porte de leur destin pour réaliser un rêve. Mais elles ont renoncé, choisissant la voie de la facilité, l'autoroute de la médiocrité.

De ce fait, elles voudraient que vous les rassuriez en leur ressemblant. Je m'explique : si vous faites le même choix qu'elles, vous les conforterez dans leurs décisions passées. *A contrario*, si vous optez pour le chemin plus risqué et que vous leur montrez que vous avez trouvé un trésor, alors elles souffriront, accablées par les regrets.

Dites-vous bien que le jour où vous aurez gâché votre vie en la laissant passer et que vous serez malheureu(se)x, ces gens ne pourront rien pour vous !

Encore un dicton très simple mais tellement vrai : « Les conseilleurs ne sont pas les payeurs. »

Vous savez à présent ce que sont les montagnes de raison. Et si vous avez lu attentivement le chapitre « L'Hydre de la peur », vous avez deviné qu'elles ne sont qu'une nouvelle tête que la bête a fait pousser – présentement, un véritable cas d'école s'il en est !

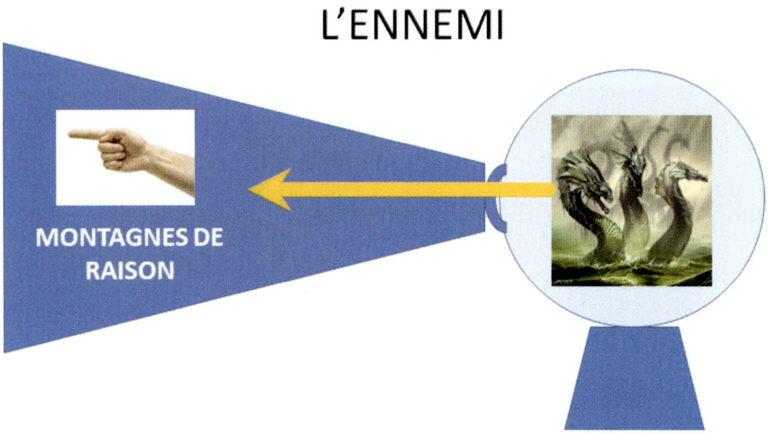

Car en réalité, ce ne sont pas les montagnes de raison que vous affrontez, mais bel et bien l'Hydre, qui incarne vos propres peurs : c'est donc à vous-même que vous devez faire face.

Je vous recommande alors d'appliquer cette technique imparable : projetez-vous dans la menace que tend cette peur, analysez-la puis acceptez-la.

Seule l'acceptation a le pouvoir de vous libérer.

Si vous êtes pétri(e) d'angoisse et que vous ne parvenez pas à accepter ces risques, c'est peut-être qu'ils sont trop importants. Inutile de se suicider non plus, ce n'est pas le but !

Mais si le phénomène à l'origine du processus revient de manière récurrente, si vous souffrez, vous serez placé(e) encore et toujours au bord de ce précipice.

La croisée des chemins

Nous voici à la croisée des chemins.

À gauche, la voie de la facilité ; elle semble plus ouverte et plus éclairée, plus simple.

À droite, la voie que vous indique votre cœur qui vous dit : « Pour ton bonheur, il faudrait que tu empruntes ce chemin. »

Mais il est plus sombre en apparence que l'autre, il fait plus peur. Parce qu'il est moins sûr.

« *À la croisée des chemins, j'étais face à un choix auquel on a tous été confrontés au moins une fois dans sa vie : suivre une large route qui garantit la sécurité ou emprunter un petit chemin broussailleux et risqué, mais qui seul peut nous mener à un trésor*[46]. »

« *Les rêves n'appartiennent qu'à ceux qui y croient et la seule voie pour les atteindre est celle que le cœur nous indique. Le seul chemin est celui qui nous rend heureux alors que l'on foule les sentiers qui nous mènent vers un trésor, une ultime quête sans laquelle l'existence perd tout intérêt*[47]. »

---

[46] *L'Homme à la tête de chat*, page 42.

[47] *Ibid.* page 180.

Si vous ne savez pas (ou plus) qui écouter, voici le seul interlocuteur valable : votre cœur.

Personne ne vivra votre vie à votre place.

Répétez-vous cette phrase en boucle comme un mantra. Elle m'a beaucoup aidé.

Saute[48] !

Entends-tu cette voix
Qui supplie et t'appelle
Quand doucement tu meurs
Et que tu n'es plus toi

C'est celle d'un cœur
Indomptable et rebelle
Qui se moque de tes peurs
Il chante la vie est belle

Au travers d'une fenêtre
Tu contemples tes rêves
Un avenir, des peut-être
Et un soleil se lève

Tu montes sur le rebord
Sans regret, sans remords
Si tu restes c'est la mort
Si tu sautes tu es fort

Ouvre tes ailes, envole-toi
Le regard vers le ciel
Entends-tu cette voix
Qui supplie et t'appelle

48 *L'Homme à la tête de chat*, page 159.

Phase 1 : le saut

Ça y est ! bravant les peurs et autres démons, vous êtes décidé(e). À ce point précis du processus, nul ne pourra vous entraver.

En principe, vous savez pourquoi vous sautez. Vous vous êtes fixé un objectif. Sinon, cela s'appelle une fuite.

Bien sûr, dans l'absolu, votre but vise sûrement l'indépendance et la liberté. Mais on ne quitte pas volontairement une situation pour rien, et vous avez donc une idée bien précise en tête.

De ce fait, le saut de la falaise s'effectue en général pour aller d'un point A à un point B.

Vous allez donc quitter la plateforme sur laquelle vous êtes, qui est souvent une zone de confort, pour atteindre l'autre plateforme, objet du rêve que vous poursuivez.

Lors de cette transition, cette traversée pour atteindre l'autre rive, on ne sait pas exactement ce qui va se passer. Il y a donc une zone d'incertitude qui est le bain préféré de notre chère ennemie…

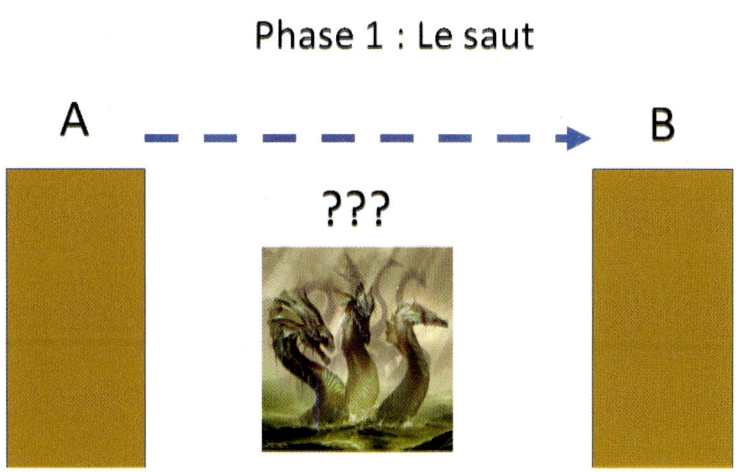

Attention, alors…

Le premier effet ressenti, juste après avoir sauté, est un sentiment d'euphorie lié à la délivrance, mais aussi à la satisfaction d'avoir eu le courage de le faire.

Il est même possible que l'on se gonfle de confiance volontairement pour se rendre optimiste.

Ensuite vient la deuxième phase ; la plus délicate sans doute.

Phase 2 : le creux de la vague

« Si le saut de la falaise constitue un acte de courage indéniable et qu'il mériterait à lui seul tous les honneurs, ***il n'est malheureusement qu'une étape incontournable.*** *Ensuite vient le mot "assumer". En effet, une phase difficile succède au saut de la falaise, celle que j'appelle "le creux de la vague". Elle semble malheureusement incontournable. À vingt et un ans, ma tendance naturelle à sauter avec courage dans le vide ne me dispenserait pas de cet enseignement qui allait m'être administré par la vie avec dureté*[49]. »

Vous avez entrepris de changer de ville pour vivre une autre vie. Quitter Paris pour Bordeaux ou le sud de la France. Un grand classique. Arrivé là-bas, vous vous rendez compte que l'affaire n'est pas si simple : vous n'avez pas encore d'amis, le job sur lequel vous comptiez n'est pas si reluisant que cela, et vous n'arrivez pas à trouver la maison de vos rêves.

Alors vous vous mettez à douter. « N'ai-je pas commis une énorme erreur ? », « Ai-je bien fait ? », etc.

Et vous prenez soudainement peur.

[49] *L'Homme à la tête de chat*, pages 174 et 175.

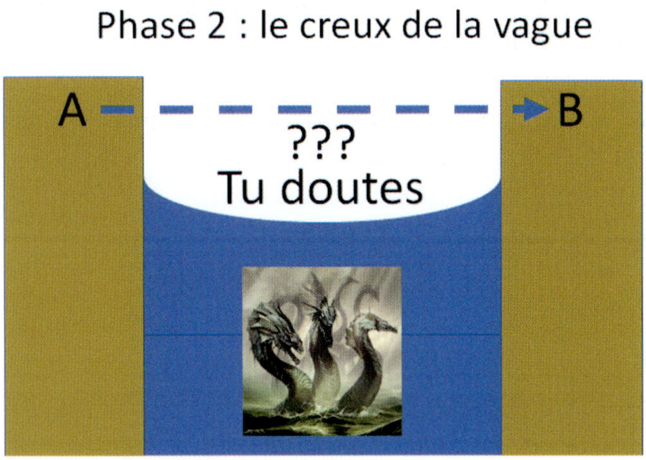

Pour en revenir à mon propre cas, j'ai quitté Air France en 1995 ; j'avais vingt et un ans et je gagnais 17.000 francs par mois (plus de 2500 euros), séjournant la plupart du temps dans des hôtels de luxe aux États-Unis.

Et j'ai lâché tout cela pour quoi ?

Pour devenir guitariste professionnel.

En 1997, soit deux ans plus tard, je n'avais plus un sou. Alors je dus travailler pour une société de sécurité en tant qu'agent et mon salaire fut de 5.500 francs (un peu moins de 840 euros !) pour bosser dans un parking souterrain de 7h à 19h !

« *Un jour de repos, sagement posté dans mon petit appartement, je dus trier mes papiers pour retrouver un document administratif et en fouillant dans une boîte, je tombai nez à nez avec une feuille qui s'était égarée, marquée par le logo d'Air France. Il s'agissait du planning du mois de juillet, me ramenant environ deux ans en arrière…*

Cette grille colorée avait retenu immédiatement mon attention tant elle ressemblait étrangement à mon planning d'agent de sécurité. Alors j'eus l'idée de les comparer. Parfois il arrive que l'on ait envie de toucher la lame d'un couteau pour voir s'il coupe ou de mettre ses mains dans le feu pour voir si l'on va se brûler… En comptant les cases colorées dont chacune correspondait à une vacation, je me rendis compte qu'il y en avait autant dans chacun des deux plannings !

Il y a deux ans donc, je gagnais plus de trois fois mon salaire actuel pour voyager dans des avions et séjourner dans des hôtels de luxe à l'étranger…

Je ressentis alors une immense pression sur mon cœur et mes larmes délavèrent l'encre de la grille colorée. Ils avaient raison alors, j'avais commis une énorme erreur[50]. »

C'est ce que j'appelle « le creux de la vague ».

Et pendant cette phase, les montagnes de raison pourront même vous enfoncer : « Tu vois ! je te l'avais bien dit. »

La bête s'épanouit dans ce type de contexte psychique où vous êtes affaibli(e).

Courage !

Pensez aux conquistadors qui partirent pour découvrir d'autres continents. En proue de leur bateau, seule la foi les guidait.

Car en mer, la courbure de la Terre ne permet pas de voir une autre rive à moins de 10 kilomètres environ.

Ne pensez-vous pas que lancés en pleine mer, à des centaines de kilomètres de chez eux, ils ont dû se poser de sérieuses questions ?

Surtout quand plus de la moitié de l'équipage périssait durant le voyage du scorbut ou d'autres maladies…

Le creux de la vague fait partie de la traversée, c'est une phase tout à fait normale ! Et il est logique que la peur s'installe à ce moment précis. Mais un grand capitaine de bateau sait tout cela et il ne perd pas son sang-froid dans de telles situations. Soyez ce capitaine.

N'oubliez pas pourquoi vous êtes parti(e). Rappelez-vous combien vous étiez malheureu(se)x et à quel point votre cœur souffrait. Vous

[50] *L'Homme à la tête de chat*, pages 196 et 197.

avez préféré le pire des scénarios que pouvait entraîner votre choix « plutôt que de ne pas le faire ». La chance sourit aux audacieux. Vous serez récompensé(e). Ce n'est qu'une question de temps.

En attendant, il vous faudra du courage et un mental d'acier, une détermination de chaque instant. Je vous proposerai au chapitre suivant une méthode simple pour acquérir le « mental du guerrier ».

Phase 3 : l'atterrissage

Ça y est !
Sans même vous en rendre compte, vous êtes parvenu(e) au point B.

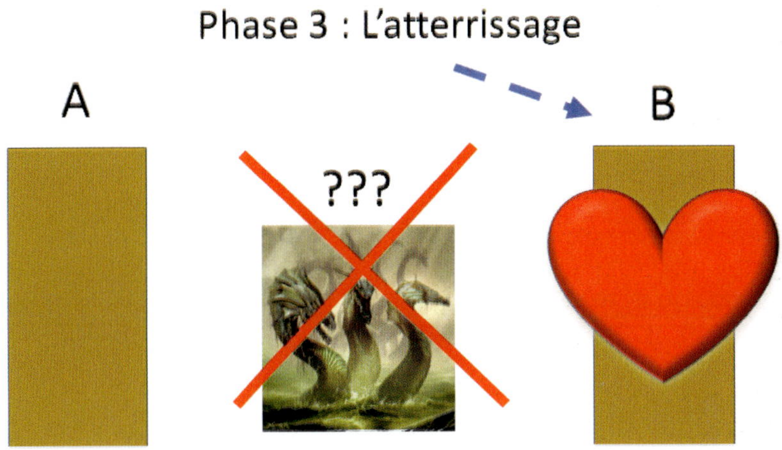

On atteint souvent la plateforme B sans vraiment s'en apercevoir. Alors on se retourne sur ce passé encore récent et on se dit : « Heureusement que j'ai eu le courage de sauter. »

En effet, si vous n'aviez pas eu ce cran, votre vie n'aurait pas changé et vous n'auriez jamais fait toutes ces découvertes magnifiques.
Quant aux peurs qui auraient voulu vous retenir, elles vous semblent désormais si lointaines et ridicules…

Si je n'avais pas quitté Air France en 1995, je ne serais certainement pas en train d'écrire ces lignes. Je ne serais jamais devenu un chef d'entreprises. Je n'aurais rien de ce que j'ai aujourd'hui, mais surtout, j'aurais été bien malheureux.

Pourtant, je ne suis pas devenu guitariste.

Il faut bien comprendre une chose fondamentale dans la quête de l'accomplissement de soi :

« Lorsque l'on mène une quête, ce que l'on trouve n'est souvent pas ce que l'on attendait, et ce que l'on découvre finalement est bien plus important que ce que l'on cherchait au départ[51]*. »*

C'est-à-dire que le point B n'est pas forcément ce que vous imaginiez au départ en quittant le point A. L'alignement avec le moi aura sans doute modifié votre trajectoire, mais vous ne serez pas déçu(e) car cela vous aura mené(e) à vous-même, et donc à être heureu(se)x.

Conclusion

Sachez qu'il m'a parfois fallu des années pour arriver sur la plateforme B – une plateforme nettement supérieure, en termes de bien-être, à mon point de départ.

En effet, avant d'en arriver là, je suis passé par des phases intermédiaires, de pseudo-échecs.

J'écris « pseudo » car ce que je pris à l'époque pour une gifle était en fait une leçon, un réalignement pour mieux me trouver, comme je l'explique dans le chapitre « L'alignement avec le moi ».

Ce fut à certains moments douloureux, mais jamais je n'ai regretté mes choix, et plus particulièrement celui de 1995. Pour rien au monde je ne reviendrais en arrière. J'ai déjà cité ce proverbe : « La chance sourit aux audacieux. » Et il est vrai que je semble en avoir eu, de la chance, quand par exemple un éditeur m'a appelé pour

[51] *L'Homme à la tête de chat,* page 26.

mon premier livre sur la méthode. Mais en y réfléchissant, c'était bien plutôt le résultat logique, dans le monde phénoménal, d'une transformation intérieure.

N'oubliez jamais ceci : sans changement intérieur, il n'y aura pas de changement extérieur, pas d'amélioration, pas de miracle.

Si vous faites vos choix avec votre cœur et non avec vos peurs, si vous avez le courage de sauter de la falaise, alors là oui, il se passera des choses, et même au-delà de ce que votre imagination peut concevoir. Car si à l'âge de vingt et un ans, une cartomancienne m'avait prédit ce que je serais vingt-cinq ans plus tard, je ne l'aurais jamais crue !

Si comme moi vous devenez un(e) sauteur(se) de falaise confirmé(e), vous constaterez que vous atterrirez chaque fois sur une plateforme supérieure, en direction de la plénitude.

Observé avec du recul, l'ensemble n'est autre qu'un escalier dont vous gravissez les marches une à une, symbole s'il en est de la spiritualité.

Plus vous monterez des marches, plus vous progresserez, sans vous retourner, vers ce qui vous rend heureu(se)x, car vous aurez l'expérience des sauts précédents et la foi qui va avec.

« Au loin, on entend des voix gémissant leurs peurs tandis que le guerrier poursuit sa route, bravant orages et tempêtes, guidé par l'étoile de son destin. Car aucune de ces montagnes de raison ne peut vaincre la détermination d'un tel homme. Aucun raisonnement, même venant d'un puissant esprit, ne peut le dérouter et le détourner de son objectif. Sa conviction de réussir ne s'appuie sur aucun calcul ni probabilité, et rien ne l'arrête dans sa course lorsqu'il est certain d'avoir fait le bon choix[52]. »

[52] *L'Homme à la tête de chat*, page 8.

Le mental du guerrier

« C'est alors que le guerrier frappe de
toutes ses forces et enfonce son poing dans la roche,
son esprit et la rage de vivre sont plus forts
que la pierre qui éclate, foudroyée par une énergie
qui vient de l'intérieur[53]*. »*

[53] *L'Homme à la tête de chat*, page 170.

Introduction

Je ne concevais pas d'écrire un guide de développement personnel sans prévoir ce chapitre qui évoque, entre autres, mon entraînement physique, que je considère comme une des clés fondamentales de ma réussite.

Car dans nombre d'ouvrages de cette catégorie, il est beaucoup question de concepts, de techniques plus ou moins abstraites ou qui sentent le soufre, mais comment faire l'impasse sur l'entretien crucial du corps ?

De fait, nous allons aborder le sujet de l'activité sportive, mais pas uniquement... Car je vous entends d'ici me rétorquer : « Pffff ! Il va nous servir la rengaine que faire du sport est bon pour le corps et l'esprit. »

Mettez vos *a priori* de côté : le présent chapitre est certainement un des plus ésotériques et des plus frappants de cet ouvrage !

Et rassurez-vous, je ne compte pas vous assener une série de poncifs que l'on peut aussi bien trouver sur l'étiquette d'une bouteille d'eau minérale ou sur une boîte de céréales.

Au contraire, je souhaite partager avec vous mes expériences par le corps, lesquelles m'ont permis de découvrir une toute nouvelle énergie qui vient alimenter le projecteur en lui procurant une puissance colossale.

Le mot « puissance » est choisi, car il ne s'agit pas simplement d'avoir « la pêche », mais bien d'acquérir une force méconnue qui va vous rendre invincible.

Vous avez sauté de la falaise ?

Vous allez donc avoir besoin de cette force en vous pour traverser le creux de la vague, affronter l'adversité et gagner des batailles. Vous connaissez probablement ce leitmotiv repris un peu partout : « La force est en vous. » Je vais vous expliquer pourquoi et comment l'activer pour impacter le monde phénoménal.

L'ogre de Baku

Celui que l'on surnomme ainsi est plus connu sous le nom de Garry Kasparov.

Entre 1985 et 2000, soit pendant quinze ans, il fut de façon ininterrompue le champion du monde en titre des échecs. Ce n'est pas rien ! Le « tueur » est venu de l'Est, avec ce regard féroce et cette rage de vaincre qui paralyseraient beaucoup d'adversaires avant même d'avoir osé jouer le premier coup.

Cette énergie guerrière est-elle innée ou la cultive-t-il ?

J'ai compris beaucoup de choses en regardant, il y a longtemps, un reportage sur l'entraînement du champion.

Comme il le confie aux journalistes : « Ma condition physique a toujours été très supérieure à celle des joueurs d'échecs de mon époque. »

Lors du reportage, on le voit avec son coach faire des kilomètres de course à pied, pratiquer des pompes, soulever des haltères.

Alors je pose la question : Est-il besoin de posséder une condition physique d'athlète pour pousser des pions sur un échiquier ?

Garry Kasparov nous confie également que sa capacité à dormir est un de ses secrets.

Mais nous a-t-il tout dit ?

Il existe dans cette préparation physique un autre élément de la plus haute importance : la construction du mental du guerrier.

Sans être un joueur professionnel mais pour les avoir moi-même pratiqués, je connais les échecs et le monde de la compétition : de ce que j'en ai modestement appris, c'est un jeu de guerre.

Car le but des échecs est d'une certaine façon de « tuer » l'autre. Vous disposez d'une armée, composée d'un certain nombre de pièces, et l'adversaire également, avec les mêmes effectifs. L'objectif du jeu n'est rien d'autre que de détruire l'armée adverse – même si, pudiquement, il est question de *capturer* les pièces et finalement le roi.

Je peux vous assurer que même au niveau le plus bas de la compétition, les joueurs se projettent sur l'échiquier et luttent pour leur propre survie, schizophrènes au point de se livrer à toutes les bassesses pour vaincre.

Il n'est plus question d'un jeu ici ; c'est la guerre.

J'ai songé que précisément, le jeu d'échecs constituait un bon entraînement pour ce que peut être la vie bien souvent, à savoir une bataille au cours de laquelle il faut être fort(e) – le ou la plus fort(e).

Inspiré par le champion russe, j'ai alors entrepris un entraînement physique, loin de me douter de ce que j'y trouverais, avec la seule certitude simplette qu'une bonne cure de remise en forme ne pourrait pas me faire de mal.

J'ai toujours bien aimé le sport mais à l'âge de quarante-deux ans, quand j'ai entrepris d'écrire *L'Homme à la tête de chat* puis de monter ma maison d'édition, j'avais cessé toute activité sportive sérieuse depuis une dizaine d'années.

Ayant soudainement ressenti le besoin de m'y remettre, j'ai commencé par courir dix minutes ; je ne pouvais pas plus [54]. Puis quinze, vingt, etc. Un an après, je pouvais courir pendant 2h30 à 10 km/h…

En deux ans, j'ai parcouru 2000 km.

Alors pourquoi cet acharnement, pourquoi tous ces kilomètres ? Cela ne paraît-il pas démesuré ?

Soyez rassuré : je ne suis pas masochiste, ni même un passionné de sport ou de course à pied. Je ne participe à aucune compétition. Je cours pour moi, et pour moi seul, en sachant très bien ce que je fais et pourquoi je le fais.

Il y a bien sûr tous les bienfaits physiologiques.

J'ai quarante-six ans et ma coiffeuse croit toujours que j'en ai trente-trois. Chaque fois que j'emprunte de l'argent à une banque et qu'on me demande un bilan de santé, mes prises de sang sont impeccables : pas de cholestérol, pas de gamma-GT, aucune anomalie.

Mais au-delà de ces constatations certes très agréables, il y a autre chose – que l'ogre de Baku n'a pas formulé.

Il n'est évidemment pas le seul à être plus ou moins conscient qu'il se passe « quelque chose » de beaucoup plus important qu'un simple bénéfice physique, qui peut déplacer des montagnes et permettre de créer de véritables miracles.

---

[54] **Toutes les recommandations relatives à la santé (notamment en matière de pratique sportive) figurant dans ce chapitre visent des personnes ne souffrant d'aucune pathologie médicale. Pour vous assurer de votre aptitude à les suivre, merci de consulter préalablement votre médecin traitant.**

Car oui, devenir l'homme le plus fort du monde des échecs, invaincu durant quinze ans, tient du miracle. Je reste admiratif devant ce guerrier au destin exceptionnel.

Je serais incapable de faire ce qu'il a fait, parce que je ne suis pas lui, mais dans mon domaine de compétences, quand ce que j'entreprends est dans l'alignement du moi, j'arrive à réaliser de très belles choses.

Car j'ai découvert cette technique de la préparation mentale du guerrier. Et je vous la livre ici.

L'évidence

Débarrassons-nous dès maintenant des évidences pour vite passer à la suite des plus surprenantes. Car il est clair que la personne qui se lève tôt le matin, dans une excellente condition physique, a plus de chance de réussir que celle qui émerge à midi en traînant des pieds pour déplacer un corps en surpoids, essoufflée en haut du moindre escalier !

Se lever tôt

Le proverbe dit : « Le monde appartient à ceux qui se lèvent tôt. » Lorsque j'ai entrepris d'écrire mon roman *L'Homme à la tête de chat*, il fallait que je continue à gagner ma vie et à mener mes activités d'entrepreneur, qui comme vous l'imaginez sont assez chronophages et consommatrices d'énergie. Je devais donc trouver une solution, car ma détermination à mener de front ce nouveau projet n'admettrait aucune forme de renoncement.

Un jour que je discutais avec un ami musicien qui cumule sa vie artistique et celle d'architecte, tout s'éclaira lorsqu'il me dit : « Tu ne peux pas t'imaginer le nombre de trucs déjà bouclés à 9h du matin quand tu as commencé à travailler à 5h ! »

Oui, c'est ce que j'allais faire aussi – essayer en tout cas !

Le lendemain matin, je mis mon réveil à 4h30. Ça m'a fait mal. Mais la volonté était là et je tins bon. Durant toute la journée, j'eus l'impression d'être en *jet lag*[55], comme si je m'étais rendu à New York ! Le soir, épuisé, je m'écroulai dans mon lit à 21h.

Le jour suivant, je me suis de nouveau levé à 4h30. Mais ça allait déjà beaucoup mieux.

Ce rythme a été le mien pendant deux ans et demi. Assis par terre en train d'écrire sur ma table basse, m'émerveillant de l'aube qui pointait ses lueurs derrière ma baie vitrée, j'ai découvert la fertilité de l'esprit vierge au petit matin, alors que nul parasite n'est encore venu l'encombrer. Et surtout, j'ai connu l'immense sentiment d'accomplissement à 9h du matin, lorsque j'arrivais au bureau en ayant écrit cinq pages de mon roman. Je le vis avancer ainsi de manière régulière, et un beau matin, j'écrivis le mot « fin ». Une énorme vague émotionnelle me submergea alors, au point de me tirer des larmes.

Je l'avais fait.

Un jour, mon expert-comptable, lors d'une réunion de bilan annuel, me fit part de son étonnement en constatant le succès de mon livre, et donc comptablement de ma maison d'édition, alors que j'arrivais à maintenir, voire à faire progresser, les chiffres de mon autre entreprise.

Je lui répondis simplement que je me levais tôt.

Un ami m'a fait remarquer que toutes les personnes qui ont de grandes destinées possèdent un point commun : elles se lèvent tôt.

Pour moi qui ai vécu cette expérience, c'est une évidence. J'aime trop la vie pour la laisser filer, et j'ai tellement de passions et de projets que les journées sont trop courtes, alors autant en profiter !

Je me couche de bonne heure car le soir mon esprit est trop encombré de toutes les informations qu'il a reçues durant la journée. Je ne suis plus bon à rien, alors je vais au lit, vivant au rythme du soleil.

---

[55] Décalage horaire, ou « arythmie circadienne ».

Faire de l'exercice

Sauf en cas de contre-indications spécifiques, les médecins vous diront unanimement : il faut faire de l'exercice. Ce qui ne signifie pas s'épuiser ou déployer des efforts violents.

La marche par exemple est excellente pour le corps – savez-vous que c'est l'un des sports qui aide le mieux à perdre du poids ?

Si les battements du cœur lors de l'effort sont entre 130 et 150 (chiffres variables selon les individus), nous nous trouvons dans une tranche appelée « brûle-graisses », alors que l'organisme puise dans la réserve de lipides de notre corps. Cette réserve est quasi infinie et la marche peut durer plusieurs heures sans nous épuiser, ce qui n'est pas le cas lorsque nous atteignons les tranches anaérobies où le corps ne peut absorber assez d'oxygène en rapport avec l'élimination d'acides lactiques.

Il n'est donc pas absolument nécessaire de courir. Je suis cependant un coureur à pied et vous expliquerai en détail pourquoi.

En résumé : qu'il s'agisse de tai-chi, d'arts martiaux en tous genres, de gym ou encore de natation, vous devez absolument faire fonctionner votre corps [56]. En plus d'être en pleine forme, vous y gagnerez une belle silhouette et vous sentirez donc mieux dans votre peau.

Je n'énonce là qu'une série d'évidences, mais tout va toujours mieux en le disant…

La suite est à présent beaucoup plus subtile.

Le culte des vertus

Dans le chapitre « La transformation intérieure », j'ai évoqué les vertus, notamment le « sens de l'effort » et le « courage », en précisant qu'elles doivent être travaillées.

---

[56] Comme déjà précisé : consultez préalablement votre médecin afin de contrôler votre aptitude physique à pratiquer tel ou tel sport.

En effet, si vous êtes comme moi un être de quête, adepte du « saut de la falaise », désireux de dévorer la vie et de faire de grands projets, ces deux vertus vous seront indispensables. Plus vous les ferez pousser à l'intérieur de vous-même, plus vous augmenterez la puissance de votre projecteur, et donc vos chances de succès dans le monde phénoménal.

Pour développer ces deux vertus, je vous propose donc ma méthode.

Comme nous l'avons vu plus haut, essayez de vous lever très tôt (4h30). Sauf à exercer la profession de boulanger, vous ressentirez sûrement une difficulté à adopter cette discipline. Mais attention : inutile de mettre votre réveil à sonner si tôt si vous n'avez aucun objectif ! J'entends par là que si vous n'avez pas de livre à écrire ou un projet en tête, ce n'est pas grave, voici votre feuille de route : sortir de chez vous pour faire du sport [57] !

C'est exactement mon mode de vie. La veille je prépare mes affaires de sport (baskets, combinaison en Gore-Tex®, écouteurs, bandeau, ceinture cardiaque, etc.) et je me lève dans le but de tenir la promesse que je me suis faite.

La première phase consiste à être debout de bonne heure. Je l'ai déjà dit, une bonne dose de courage et de volonté vous sera nécessaire dans les premiers temps, ce qui vous permettra d'affûter ces qualités primordiales.

Prenez ensuite un petit déjeuner léger et facile à digérer. Un jus de fruit et quelques biscuits secs, par exemple.

Ne tentez pas cette expérience qui consiste à effectuer une sortie à jeun. Cette pratique est controversée et n'amènera rien de plus, sinon de la fatigue et des difficultés.

Il ne vous reste alors plus qu'à vous préparer : vous habiller, vous étirer. Ce n'est pas encore gagné, mais une fois les baskets aux pieds, ça l'est !

---

[57] Comme déjà précisé : consultez préalablement votre médecin afin de contrôler votre aptitude physique à pratiquer tel ou tel sport.

Vous êtes sorti(e) de chez vous, sorti(e) de vous-même, et l'épreuve de courage est passée. Vous pouvez légitimement ressentir une certaine fierté tout en appréciant la fraîcheur virginale de l'aube.

Vient ensuite la phase d'effort.

Commencez par courir 10 ou 15 mn, et doucement !

Ne recherchez pas la performance, cela ne sert à rien, vous brûlerez tous vos glucides et atteindrez ce qu'on appelle « le mur » (l'épuisement).

Je vous conseille fortement d'utiliser un *Heart Combo Monitor*[58] pour suivre votre rythme cardiaque au cours de l'effort (ceinture, montre, écouteurs : on en trouve partout).

Il ne faut JAMAIS courir dans la zone rouge, au-delà de la fréquence cardiaque maximum (FCM). Elle se calcule ainsi : 220 – votre âge.

Exemple : si j'ai 45 ans → ma FCM est = 175

Le but de l'exercice est de rester si possible dans la tranche « brûle-graisses » (à savoir entre 136 et 147).

Sur votre parcours d'entraînement, vous rencontrerez sûrement d'autres coureurs, et beaucoup vous doubleront. Laissez-les faire ! Il ne s'agit pas d'une course mais d'un exercice particulier destiné à vous permettre d'accéder à autre chose – ne l'oubliez pas.

Globalement, l'objectif de cet exercice est de courir le plus longtemps possible avec un cœur stable et pas trop haut.

C'est l'endurance qui prime, surtout pas la vitesse. Pensez à la fable « Le lièvre et la Tortue »… Ma référence vous paraîtra naïve, mais comme j'aime à le répéter : les choses les plus simples cachent quelques vérités.

Autre élément qui prime ici : la régularité.

Je préfère que vous couriez 15 minutes chaque jour plutôt qu'une heure par semaine.

Il faudra une discipline de fer, quasi militaire. Et bien sûr de la volonté, de la détermination.

[58] Capteur de fréquence cardiaque.

Ainsi, et presque à votre insu, vous ferez grandir en vous une énergie croissante, élevée par les vertus que vous cultivez : le courage et le sens de l'effort.

En augmentant la durée de l'effort, en vous dépassant régulièrement, vous accroîtrez votre force intérieure et votre nouveau potentiel.

En attendant que vous puissiez le mesurer, vous serez récompensé(e) par les montées d'endorphine qui vous feront goûter à l'état de plénitude absolue.

Vous disposez à présent du mode opératoire. Avant de passer à la suite, et donc de vous dévoiler le secret du guerrier qui va de pair avec ce qui précède, voici mes dernières recommandations [59] opérationnelles pour la course à pied :

- Étirez bien vos muscles pendant 10 minutes avant et après la course (les quadriceps notamment).

- Si vous le pouvez, courez sur des sols mous (sentiers) plutôt que sur les sols trop durs comme le bitume, ce afin d'éviter de faire souffrir vos articulations et vos vertèbres.

- Portez des baskets adaptées avec du gel dans la semelle (toujours pour les articulations).

- Surveillez votre rythme cardiaque par la prise du pouls. Il doit rester stable et en dessous de la ligne rouge. S'il est trop haut, ralentissez jusqu'à ce qu'il redescende. S'il ne redescend pas, arrêtez et reposez-vous. Le surentraînement peut créer cet effet. Dans ce cas, prenez quelques jours de récupération.

[59] Je ne suis ni médecin, ni un professionnel du sport, ni un thérapeute : mes recommandations s'appuient donc sur ma seule expérience personnelle. Avant de débuter la moindre activité sportive, consultez impérativement votre médecin traitant.

- Hydratez-vous. Avant et après et même pendant si vous avez un sac à eau (Camelbak®).

- Ne courez pas par de fortes chaleurs. Je ne cours jamais au-delà de 20°C et enregistre mes meilleurs résultats entre 1 et 10°C.

Au bout de quelques semaines, vous devriez ressentir des changements :

- Vous êtes plus en forme durant la journée.

- Vous êtes plus détendu(e).

- Votre capacité de charge de travail s'accroît.

- Vous dormez mieux.

- Vous êtes plus patient(e) et plus zen.

- Vous êtes plus endurant(e).

Mais tout cela n'est qu'un début, voici maintenant la partie la plus intéressante, pour l'acquisition d'une toute-puissance.

Le Zona

Ce que je m'apprête à vous expliquer, je ne l'ai pas compris tout de suite. L'expérience du zona m'en a fait prendre conscience.

Nous sommes en mars 2016, voilà presque neuf mois que j'ai entrepris la préparation physique que je viens de vous détailler.

C'est alors que je me mets à ressentir, de façon progressive, une douleur dans le dos, qui irradie jusque dans les côtes. Elle m'empêche de dormir, m'obligeant à prendre des doses importantes de paracétamol.

Mon père, qui est kinésithérapeute, me manipule et m'indique que j'ai une énorme contracture dans le dos, certainement due à un déplacement de vertèbres, palpable au « crac » lors de la manipulation.
Il me signale aussi la présence de petits boutons qui courent le long d'une de mes côtes. « Ça ressemble à un zona », me dit-il.

— « Et c'est grave, le zona ?

— Ça dépend… Garde un œil là-dessus et si la douleur persiste, va voir ton médecin. »

La situation ne s'améliora pas et je me rendis chez un médecin du sport qui confirma le diagnostic : un zona intercostal.
Ça peut durer des semaines, des mois, des années, on ne sait pas. Il me prescrivit des cachets puisque ce mal provient d'un réveil de la varicelle.
La seule chose que je demandai au docteur fut : « Est-ce que je peux courir avec un zona ? » – et il acquiesça.

J'étais en colère. En colère après ce zona qui venait m'agresser. Et c'est ainsi je me mis à le considérer comme une personne.

« Toi mon gars, tu ne vas pas jouer longtemps, c'est moi qui te le dis ! »

Pour une raison inconnue, l'irritation que je ressentais à son égard me donna envie de me battre contre lui, et tous les jours j'allais au parc pour courir.
Emporté par une rage ultime, je voulais le vaincre, lui montrer qui était le plus fort.

« C'est toi qui me fais souffrir la nuit ? D'accord, on va voir ça de plus près. »

Alors je courus, courus encore, tout en continuant de l'invectiver.

« Qui est le patron ici ? Tu crois que c'est toi ? Mais sais-tu au moins à qui tu t'adresses ? Je suis l'homme le plus fort du monde, et je ne crains personne, surtout pas toi ! »

Et pour finir :

« Meurs ! Meurs ! Disparais à jamais ! »

Plus je me répétais en boucle ces injonctions, plus je courais vite, et longtemps. Arrivait un moment où j'accédais à un état second – un état où je me sentais tout-puissant…
Étais-je en train de délirer pour de bon ?

Zona est mort en trois jours[60]. Plus de douleur, plus de boutons.

J'étais tellement fier que j'ai envoyé un SMS à mon ami CHINH, qui était au courant et inquiet : « Daniel / Zona : 1 – 0 ».
À l'image de ce qui est consigné sur la feuille de match à la fin d'une partie d'échecs.

Le sanctuaire intérieur

Après l'expérience du zona, j'ai compris que quelque chose de surnaturel se produisait lors de mes séances de course à pied.

Cet épisode a coïncidé avec ma rencontre du docteur Gérard Vincent, un chirurgien-dentiste un peu spécial…
J'étais allé le consulter pour un problème de mâchoire. En effet, le ménisque du côté gauche de ma mâchoire avait tendance à se déboîter quand j'ouvrais grand la bouche, situation assez pénible au moment des repas. Ce problème ne datait pas d'hier, et je pensais qu'il me faudrait bien un jour passer sur le billard pour le régler définitivement.

[60] L'expérience du zona est strictement personnelle et n'est en aucun cas un encouragement à se soigner seul sans avis médical. Notez d'ailleurs que j'avais consulté un médecin et respecté le traitement prescrit.

De cet homme émanait une aura singulière, mélange de bonhomie et de joie naturelle. J'ai tout de suite senti que c'était un maître, une sorte de messager…

Après avoir lu la lettre de recommandation de son confrère à mon sujet, la première chose qu'il me demanda fut :

— « Vous faites quoi comme métier ?
— Chef d'entreprise, et écrivain. Je passe mon temps entre Paris et le sud de la France. Et je cours beaucoup !
— Ah oui, je vois… »

Alors que je lui détaillais ma pratique de la course à pied et les centaines de kilomètres parcourus, il me surprit par sa remarque :

— « Vous savez quoi ? La première chose qu'il va falloir faire, c'est apprendre la respiration abdominale. Quand vous y pensez, respirez par le ventre en le gonflant comme ceci. Les gens respirent de manière verticale en gonflant les poumons et en rentrant le ventre. C'est une erreur. Il faudrait toujours respirer de manière horizontale, en gonflant le ventre. »

Il se leva et me montra une posture permettant d'effectuer le mouvement de respiration. Puis il inspira par la bouche en faisant une drôle de tête et expira, par la bouche toujours, en produisant un bruit sifflant.

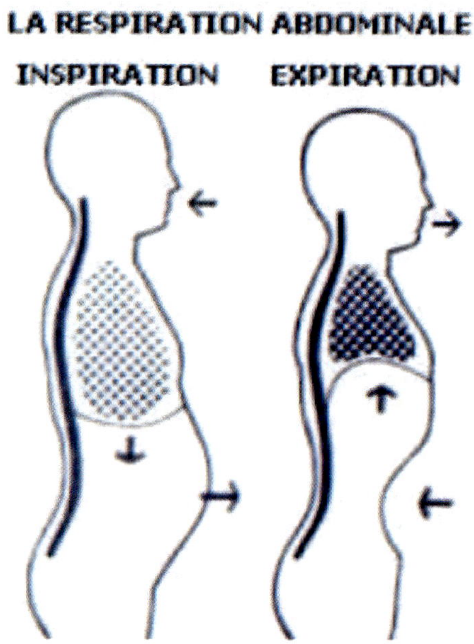

— « C'est la première chose qu'on apprend aux athlètes. La poche contient plus d'air et donc plus d'oxygène. C'est mécanique : courir plus longtemps, plus vite ! Essayez de le faire une heure par jour et vous verrez : votre problème de mâchoire, c'est le stress ! »

Après les contrôles médicaux d'usage, nous nous séparâmes – et j'ignore s'il pouvait se douter de l'impact qu'aurait sa petite leçon.

À peine installé dans ma voiture pour repartir, je me mis à tester sa technique de respiration et en quelques minutes, de manière très étonnante, je me sentis étrangement détendu…

Inutile de préciser que depuis ce jour, c'est cette technique de respiration ventrale que j'utilise pour toutes mes sorties de coureur à pied.

C'était difficile au début, car j'avais du mal à synchroniser ma cadence de course avec ma respiration ; mais à force d'essayer, cela devint naturel et je ne respirais plus qu'ainsi pendant mon activité sportive.

Je découvris alors de nouveaux ressentis durant la course, car la respiration abdominale (qui se fait par la bouche, très important) amène à un état méditatif où j'ai pu retrouver des sensations comparables à celles que j'ai décrites lors de l'expérience du zona, à qui j'avais donné l'ordre de partir.

Cela se passe toujours de la même manière :

1. Mon corps s'échauffe tout doucement, je cours lentement et détends mes muscles.
2. Vient ensuite un passage difficile et plus ou moins douloureux selon les jours, lié à l'endurance.
3. Les douleurs disparaissent.
4. Un état de bien-être s'installe, je relève la tête et accélère légèrement.
5. Des idées surgissent. C'est dans ces moments-là que je suis le plus créatif, que j'écris…
6. Je me mets à penser à mes projets, à mes batailles, et en cet instant, selon les situations, me viennent des phrases, que je répète en boucle, comme des mantras !
7. Je m'arrête et m'assieds ou m'allonge. Je suis dans un état de plénitude.

Par exemple, un des rêves de ma vie est de passer la moitié de l'année avec mon épouse à Moorea, en Polynésie. Je nous imagine dans une grande maison, dont le terrain se termine par un ponton d'où l'on peut contempler le lagon et le ballet des requins et des raies. Un hors-bord y est amarré, disponible à loisir pour aller pêcher ou faire de la plongée.

Une partie de la propriété est composée d'un bar équipé d'une scène de spectacle, où les plus grandes stars américaines viennent donner des concerts privés.

Tout cela paraît complètement dingue, n'est-ce pas ? Mais plus c'est dingue, et plus j'y crois !

Alors je cours et me répète en boucle : « Je l'aurai, je l'aurai. Je le veux et je l'aurai. Je suis le créateur de ce monde et c'est moi qui le dessine, selon mes envies. J'aurai tout cela et bien plus, rien ne m'en empêchera. Je suis dieu ! Je suis dieu ! »

Je serais prêt à parier n'importe quoi que cela se produira dans la réalité.

En guise de synthèse de ces expériences, je dirai qu'il existe un petit « sanctuaire intérieur », nommé ainsi car il est comme une zone cachée à l'intérieur de moi – une grotte secrète à laquelle je ne peux accéder *que* dans cet état de relâchement total et qualifiable de méditatif. Dans cet endroit, il y a une sorte de mur sur lequel on peut inscrire, graver tous les mantras répétés en boucle.
Je pourrais rapprocher cela de ce qui fut mon métier de développeur informatique. Sur ce mur j'écris un programme, des lignes de commandes qui vont s'exécuter pour impacter la réalité et créer des miracles.
Tant pis si je passe pour un illuminé, car en dehors de l'exemple du zona cité plus haut, j'ai expérimenté le phénomène à de nombreuses reprises.
Et en tout état de cause, selon la *Théorie du projecteur* qui repose sur un axiome incontournable, nous sommes le dieu créateur de notre univers. Il ne tient qu'à nous de trouver comment activer la mécanique de notre projecteur pour changer le monde extérieur.
Le sage Thich Nhat Hanh, qui pratique la pleine conscience, n'affirme-t-il pas que nous « avons la capacité d'influencer le monde à l'extérieur de nous[61] »...

Pour ce qui me concerne, c'est par la « course méditative » que j'ai découvert mon sanctuaire intérieur. Depuis, j'ai entendu également parler de la « marche méditative », qui donne des résultats comparables – en tout cas qui se croise avec mon expérience.

[61] *In* : *La Peur – Conseils de sagesse pour traverser la tempête*, éd. Le Courrier du Livre, 2013.

Je suis bien certain que cet état tout particulier qui nous autorise l'accès à ce sanctuaire s'atteint aussi par la méditation, ce qui nous rapproche encore une fois du bouddhisme.

Alors que je sois fou ou non n'a finalement aucune espèce d'importance : le présent livre a pour seule ambition d'ouvrir une porte nommée espoir, de vous permettre de croire en vos rêves et en leur concrétisation grâce à la puissance du projecteur.

Conclusion

J'ai eu l'honneur de partager avec vous un immense secret qui permet de créer des miracles.
Chacun ou chacune d'entre vous y puisera sa propre déduction et/ou sa nourriture spirituelle, au service de son chemin de vie. Mais n'oubliez jamais un élément crucial : la préparation physique est la clef de voûte pour qui aspire au dépassement de soi. Champions et championnes, hommes ou femmes politiques, grandes stars de la chanson… beaucoup courent tôt le matin ou font du sport avant une représentation, une épreuve, un meeting, etc.

Comme exemple, je citerai Bernard Lavilliers, guerrier parmi les grands :

« Je suis prêt à mourir demain
Je suis prêt à mourir très vite
Regard d'acier je ne dis rien
J'ai dépassé la limite

Je ne suis plus de votre race
Je suis du clan Mongol
Je n'ai jamais suivi vos traces
Vos habitudes molles
J'ai forgé mon corps pour la casse
J'ai cassé ma voix pour le cri
Un autre est là qui prend ma place
Un autre dicte et moi j'écris[62]*.»*

[62] Bernard Lavilliers, « Le clan Mongol ».

Le pouvoir de l'intime conviction

« Les promesses avaient été tenues
et mes hypothèses quant à l'alignement
du monde extérieur sur l'intérieur
s'étaient transformées en preuves,
forgeant ainsi mes convictions
et une force inébranlable[63]. »

[63] *L'Homme à la tête de chat*, page 106.

La chance légendaire du Sam

Samuel est un de mes meilleurs amis. Nous avons le même âge et je l'ai rencontré il y a vingt-cinq ans. Nous formions à l'époque, avec Chinh et nos petites amies, une joyeuse bande et sortions régulièrement dans Paris.

Sam, comme nous le surnommons tous, est ce qu'on appelle une « crème ». Il est profondément gentil et pur. Je ne l'ai jamais entendu parler en mal de quelqu'un, par exemple, ni tenir de propos agressifs. Il a toujours été là quand j'ai eu besoin de son aide et ne compte pas son temps quand il s'agit de rendre service. Et surtout, c'est un garçon infiniment positif. Au sein de notre petite bande d'amis, chacun avait ses spécificités dignes d'intérêt. Mais lui était un personnage à part. C'est vraiment un être très pur, parfois même naïf.

Chaque fois que nous cherchions à nous garer dans Paris (et l'on sait à quel point cela peut relever de l'exploit dans certains quartiers) et que Sam était présent dans la voiture, une place de stationnement se libérait toujours comme par miracle. Je ne saurais compter le nombre de fois où j'ai été témoin de ce phénomène, qui à l'époque nous faisait beaucoup rire tellement c'était flagrant. On l'appela alors « la chance légendaire du Sam ».

Je me souviens très bien du scénario récurrent. Dans l'auto, Chinh, stressé, disait : « Laisse tomber, on en a encore pour une heure à trouver une place. »

Sam répondait : « Mais non, tu vas voir, avec la chance du Sam... »

Ça détendait l'atmosphère et tout le monde souriait ou riait.

Puis j'entendais Chinh s'exclamer, en se prenant la tête à deux mains et me regardant : « Oh non, c'est pas vrai ! »

Tous les coups étaient gagnants !

À l'époque je n'avais que vingt ans, et le lien entre la « chance du Sam » et le sujet du présent ouvrage ne m'était pas encore apparu.

Aujourd'hui, ce lien me paraît évident.

À force de cumuler les expériences de petits miracles tel celui de la place de stationnement, Sam avait fini par se convaincre lui-même qu'il était une sorte d'amulette de chance vivante.

Il ne s'agit pas pour moi d'« intime conviction » à proprement parler et fonction des critères déjà abordés jusqu'ici, mais d'un certain degré d'assurance qui favorise la production de pareils phénomènes.

Sam est quelqu'un de foncièrement positif. Si on parlait de la « loi de l'attraction », on dirait qu'il est positif, et donc qu'il attire le positif.

Moi je dirais qu'il procède inconsciemment à une visualisation de ce qui va arriver, qu'il en est convaincu, et que le phénomène se produit.

Cette anecdote aurait pu, comme tant d'autres, passer à la trappe de ma mémoire, mais curieusement, à titre d'expérience sans doute, elle est toujours restée présente à mon esprit.

Il y a peu, j'étais en voiture avec mon fils pour l'accompagner chez le dentiste, dans un quartier de Paris où il est excessivement difficile de trouver à se garer. L'heure tournait, je cherchais une place quand il lança :

— « Laisse tomber, c'est impossible de trouver une place ici, on va être en retard. »

Jouant mon rôle de père face à un enfant de huit ans, je lui répondis un peu machinalement :

— « Ce n'est pas comme ça qu'il faut penser. Si tu continues à être négatif, tu ne trouveras pas de place. Il faut penser positivement. Moi je suis convaincu qu'on va en trouver une. »

À ce moment très précis et tout en prononçant ces mots, je me mis à visualiser mentalement une place libre et à me répéter intérieurement : « Une place se libère, je la vois. » Et alors que cette affirmation tournait en boucle sous mon crâne, je vis en effet la place apparaître devant mes yeux, sans même avoir aperçu une voiture la libérer.

Je regardai mon fils en lui disant : « Alors ? »

Ce à quoi il répliqua évidemment : « Tu as encore eu de la chance, c'est tout. »

Avant d'entrer dans le vif du sujet de cet ultime chapitre, j'avais envie de partager avec vous l'histoire de « la chance légendaire du Sam » qui a marqué mon existence. J'ai longtemps hésité, ne sachant pas comment le lecteur pourrait y réagir, mais je l'aime et elle illustre parfaitement mes propos. Elle vous appartient désormais un peu aussi…

J'ignore si mon fils adhérera un jour à ma *Théorie du projecteur.* Je ne l'y forcerai bien sûr pas ; chacun est libre de penser ce qu'il veut. Je n'ai pas d'intérêt personnel à vouloir convaincre la Terre entière. Jouir de mon savoir au quotidien pourrait me suffire, si ce n'était mon envie sincère et profonde de vouloir le partager.

Voici donc ce que vous attendiez en abordant la lecture de cet ouvrage : mes explications sur *le pouvoir de l'intime conviction.*

Définitions

L'intime conviction

Il existe un état de conscience tout particulier, que j'appelle « l'intime conviction », objet du présent livre et annoncé par son titre.
Avant de vous expliquer en détail comment on y parvient et quel est son pouvoir sur le monde phénoménal, il convient d'en donner une définition la plus précise possible.

L'intime conviction ne relève pas des mathématiques mais repose sur un état psychique, un ressenti profond.

Pour faire simple, je dirais qu'on parle d'intime conviction quand la production d'un phénomène dans le monde réel ne fait absolument aucun doute dans votre esprit.

J'insiste sur le mot *absolument*, car il s'agit bien d'une certitude absolue qui ne laisse place à aucun doute.

Pas question de dire : il y a 99% de chances pour que cela se produise.

Point du tout.

Vous en êtes convaincu(e) à un niveau de ressenti qui dépasse la certitude.

Imaginez par exemple que vous soyez seul(e) au bord d'un lac avec un caillou dans la main.

Vous vous apprêtez simplement à jeter ce caillou dans l'eau. Je répète : il n'y a personne à ce moment précis qui peut interférer avec votre action. Vous seul(e) êtes l'acteur ou l'actrice du jet de pierre.

Qu'est-ce qui peut vous empêcher, en cet instant, d'être convaincu(e) que cette pierre achèvera sa course dans l'eau, avec les ondes qu'elle déclenchera ?

Rien ni personne.

Tout simplement parce que vous êtes le seul acteur ou la seule actrice du jet de la pierre, et que cette action ne dépend que de votre seule volonté.

C'est là l'essence de l'intime conviction : si vous avez conscience que vous êtes le seul créateur ou la seule créatrice de votre univers et de ce qu'il s'y passe, et que vous souhaitez, avec la plus ferme détermination (voir chapitre précédent), qu'un phénomène se produise, il se produira.

Je prends donc ici le risque d'affirmer que nous avons le pouvoir de créer des miracles dans la réalité.

L'intime conviction est un état psychique résultant du fait que je suis pleinement conscient d'être le seul et l'unique dieu créateur de mon univers : le monde phénoménal répond donc de mon intériorité, conduite par ma volonté profonde.

Les miracles

J'affirme que nous sommes tous capables de générer des miracles. Il me paraît donc important de préciser ici ce que j'entends par ce terme « osé » qui pourrait être mal interprété et nuire à ma crédibilité.

Voici la définition qu'en donne Wikipédia[64] :

« *Un miracle désigne un fait extraordinaire, dépourvu d'explication scientifique, qui est alors vu comme surnaturel et attribué à une puissance divine. Il est accompli soit directement, soit par l'intermédiaire d'un serviteur de cette divinité.* »

Voici celle de Larousse :

« *Phénomène interprété comme une intervention divine.* »

De toute évidence, culturellement le miracle est un phénomène extraordinaire qui ne trouve aucune explication, sinon celle d'une intervention divine.

Je propose donc de nuancer et de préciser ce concept afin de le redéfinir, non pas pour le démystifier ou en nier l'existence, mais bien au contraire pour le rendre accessible et à la portée de tous.

Un miracle, tel que je l'entends, est un phénomène qui se produit dans la réalité et qui résulte d'une modification ou d'une intervention de notre intériorité. Je ne suis donc pas si éloigné de la définition originelle si l'on considère que depuis notre intériorité, nous sommes le dieu créateur de notre univers.

Toutefois, le miracle ne relève pas de la magie ou de la science-fiction. Vous ne verrez personne marcher sur l'eau ou ouvrir la mer

---

[64] Lien correspondant, indiquant toutes les sources et les noms des contributeurs : https://fr.wikipedia.org/wiki/Miracle

en deux sous vos yeux tel Moïse. Il s'agit là de métaphores bibliques destinées à faire comprendre que les miracles existent, à la manière imagée dont la Bible évoque aussi les notions de Paradis et d'Enfer.

Le miracle, tel qu'il se produit aujourd'hui parmi nous, est plus subtilement perceptible. Car pour s'incarner dans la réalité, il utilise le monde matériel comme support, et donc des éléments rationalisables.

Pour illustrer cela, prenons le concept de la « porteuse » qui relève de la science physique et de l'électricité :

« *Dans le domaine des télécommunications une onde porteuse, ou, plus simplement, porteuse, est une forme d'onde (généralement sinusoïdale) qui est modulée par un signal d'entrée dans le but de transporter des informations. La porteuse a généralement une fréquence beaucoup plus élevée que le signal d'entrée.* ***L'intérêt de la porteuse est le plus souvent soit de transmettre une information à travers l'espace*** *sous forme d'onde électromagnétique (comme pour la radio), soit de permettre à plusieurs porteuses de fréquences différentes de partager un même support physique par multiplexage fréquentiel (comme dans le cas de la télévision par câble)*[65]. »

Le son est transporté par un signal porteur.

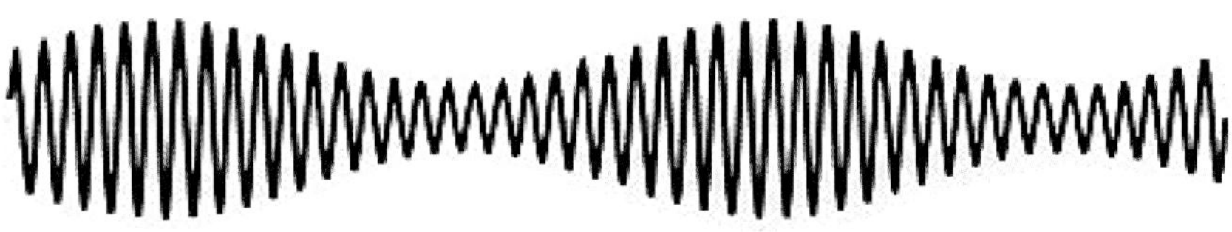

C'est la modulation de la fréquence du signal porteur qui produit le son que l'on entend.

[65] Lien correspondant, indiquant toutes les sources et les noms des contributeurs : https://fr.wikipedia.org/wiki/Porteuse

Le principe est le même pour la télévision, les téléphones portables : pour exister et pour que nous les percevions, ces signaux ont besoin d'un support matériel dans la réalité.

De même, **le miracle a besoin d'un support matériel pour se produire** dans la réalité qui est matérielle.

Porteuse matérielle

De ce fait, on pourra toujours trouver au miracle une explication rationnelle, et dire qu'il ne s'agit pas d'un miracle, mais d'un phénomène tout à fait explicable par des éléments rationnels.
Le miracle est donc forcément voué à la subjectivité de l'interprétation du phénomène, et par conséquent au scepticisme.

Je vous donne des exemples précis :

« Garry Kasparov est le plus grand joueur d'échecs de tous les temps, il est resté durant quinze ans invaincu, c'est un miracle. »

- ➔ Le sceptique répond : « Ce n'est pas un miracle, il a travaillé très dur pour cela, et avec les meilleurs entraîneurs. »

« Une place de parking vient de nous apparaître alors qu'il n'y en avait pas et que je l'ai voulu très fort, c'est un miracle. »

- ➔ Le sceptique répond : « Ce n'est pas un miracle, cela correspond à l'heure où certaines personnes ont fini leurs courses et s'en vont. »

« J'ai reçu 15 fois la somme que j'ai rendue à la pharmacienne en étant honnête, c'est un miracle. »

➔ Le sceptique répond : « Ça n'a aucun rapport, tu as juste reçu un chèque d'une compagnie d'assurances. »

Quand le sceptique ne trouve pas d'explication rationnelle au phénomène miraculeux, il invoque en général la chance qui, comme vous l'avez compris, n'existe pas selon notre *Théorie du projecteur*.

L'alliage des modules

Tous les chapitres qui précèdent celui-ci n'ont qu'un seul dessein : rassembler les éléments qui mènent à l'intime conviction. Je vais donc dresser un récapitulatif, point par point, de ces modules, et expliquer comment ils s'assemblent entre eux pour atteindre, sinon approcher, l'objectif qui est d'activer votre projecteur intérieur de sorte à illuminer votre extérieur de toute sa puissance.

Je rappelle encore une fois que je me contente là de vous montrer ma méthode, celle par laquelle je suis parvenu à cette intime conviction. Je la partage avec vous et vous la propose, tout en sachant que chacun peut construire la sienne. Il est toujours important de préciser cela quand on parle de méthode.

« *Ceux qui se mêlent de donner des préceptes, se doivent estimer plus habiles que ceux auxquels ils les donnent ; et s'ils manquent en la moindre chose, ils en sont blâmables*[66]. »

---

[66] René Descartes, *Le Discours de la méthode.*

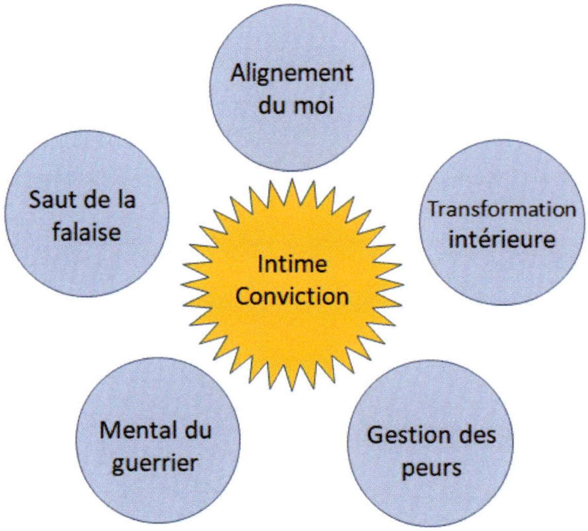

Voici les cinq modules qui gravitent autour de l'intime conviction. Ils sont complémentaires et nécessaires pour produire la connexion avec cette source de lumière.

Il faut donc les avoir bien compris et correctement intégrés. Ce n'est pas facile, j'en conviens, mais croyez-vous vraiment que l'on produit des miracles en claquant des doigts ? Si c'était si simple, tout le monde le ferait et la quête spirituelle n'aurait aucun sens.

Car oui, il s'agit bien d'une quête, de tout un cheminement qui mène au Saint Graal, symbole fort s'il en est.

Et en effet, les résultats n'arriveront pas sans travail. Chaque module, si vous avez bien lu les chapitres précédents, demande un effort sur soi.

Reprenons-les rapidement un à un en nous focalisant sur l'effort à fournir. L'ordre est important, nous le verrons ensuite.

La gestion des peurs

Il ne se passera rien si l'on est dominé par nos peurs. C'est selon moi le poison psychique le plus toxique qui nous empêche d'agir dans le monde phénoménal et d'y produire quoi que ce soit.

Si vous faites des choix en fonction de vos peurs, vous gâcherez tout simplement votre vie, car ces choix ne seront pas en alignement avec votre *moi* mais influencés par des éléments qui sont distants de la voix du *cœur*.

Vous souffrirez donc, et dans ces conditions, il est plus qu'improbable que vous soyez apte à produire un quelconque miracle.

Un travail sur soi est donc indispensable. Pour ce faire, vous bénéficiez de ma méthode personnelle. Elle fonctionne, et pas que sur moi, j'en fais ici le serment !

Avoir connaissance de cette méthode, c'est bien ; la maîtriser, c'est encore mieux : efforcez-vous de l'appliquer chaque fois qu'une peur survient, reproduisez ce processus inlassablement jusqu'à ce qu'il devienne un réflexe et fasse partie de vous, à l'image du sang qui coule dans vos veines.

Nul n'est à l'abri d'une angoisse surgissant un jour ou l'autre tel un beau diable, et je n'ai pas la prétention de m'en dire préservé. Mais j'affirme que dans les moments de ma vie où il a fallu prendre des décisions importantes, faire des choix audacieux et *sauter de la falaise*, je suis parvenu à maîtriser mon anxiété, car j'avais peu à peu appris à contrôler le phénomène par la technique décrite précédemment.

La gestion des peurs est donc un prérequis fondamental pour le module suivant : *le saut de la falaise*

Le saut de la falaise

Comme je l'ai expliqué dans le chapitre « L'alignement avec le moi », on ne peut se trouver soi-même, connaître nos dons et savoir à quoi les employer, si l'on ne tente rien. La quête qui mène à la révélation de soi est en effet bien souvent l'aboutissement d'une odyssée dont nombre d'étapes peuvent être vues comme des échecs.

C'est en se trompant que l'on apprend. La réussite décerne une récompense, mais n'est en rien une leçon.

« Oubliez les échecs, gardez les leçons », préconise le Dalaï Lama. Le cheminement spirituel qui mène à la découverte de soi peut donc prendre des années, au cours desquelles il ne faudra cependant pas oublier d'être heureux, sans en attendre l'issue. Le bonheur ne vient pas couronner l'aboutissement de la quête, il EST cette quête.

Ainsi, les sauts de falaises m'ont parfois été difficiles, et la phase du creux de la vague m'aura à certains moments placé dans l'inconfort matériel et psychologique ; mais j'affirme avoir toujours été récompensé de mon endurance. Ma vie est une aventure palpitante et je ne la conçois pas autrement.

Travail, courage, ténacité, obstination : telles sont les vertus à posséder et à cultiver pour atteindre vos objectifs. Les personnes qui attendaient la recette d'une poudre de perlimpinpin ou un mode d'emploi *plug and play*[67] seront peut-être déçues. Les autres saisiront les outils que je donne ici pour créer leurs miracles dans la vraie vie.

Le mental du guerrier

Voici un module qui vous aidera à concrétiser le précédent. Je sais que certains choix font peur. Je sais aussi que pour réaliser un ouvrage quel qu'il soit, il faut du travail et de la volonté.

Pour aiguiser cette volonté, pour obtenir cette détermination, je vous ai fourni ma méthode, basée sur la préparation physique.

Le sens de l'effort est comme une plante que l'on fait grandir jour après jour jusqu'à ce qu'elle devienne belle et résistante, mais aussi capable de s'ajuster aux éléments, telle la tempête.

Il faut modestement commencer par de « petits » efforts, en augmentant progressivement la dose. L'avantage à en retirer est immédiat : les bienfaits générés dans la réalité sont directement palpables ; ce n'est donc pas un travail ingrat ou dont on peut douter qu'il apportera un jour un quelconque résultat.

[67] « Connecter et jouer » ou « brancher et utiliser ».

Ces progrès et gains substantiels vous encourageront à poursuivre votre action, vers un bien-être sans cesse croissant – à la condition bien sûr de maintenir cap et discipline, ce que nul ne pourra faire à votre place !

L'alignement avec le moi

Le saut de la falaise est favorisé par les éléments suivants :

- Le contrôle de la peur.
- La conscience de *l'ultime vérité* (je n'ai rien à perdre).

Il est ensuite conduit et soutenu par *le mental du guerrier,* lequel procure la force nécessaire pour traverser le creux de la vague et se rendre à chaque étape du cheminement.

Au bout du compte, vous trouverez votre place en ce monde et vous saurez ce pourquoi vous êtes fait(e).

Les indices suivants vous le prouveront :

- Vous ne verrez pas le temps passer en exerçant votre activité.
- Vous serez brillant(e) dans cette activité.

Mais surtout, la réussite viendra facilement, voire de façon miraculeuse…

Si je prends mon cas, lorsque j'ai voulu publier mon premier livre il y a onze ans, un éditeur m'a appelé au bout d'une semaine seulement, alors que je m'étais contenté d'envoyer quelques mails avec le résumé et la table des matières.

Quand j'ai monté ma société de service en informatique (ESN), je n'ai réellement prospecté des clients de façon intensive qu'au cours du premier mois. Ensuite, les contrats sont arrivés très facilement. Je ne prospecte plus depuis un bon moment. Les plus gros clients avec lesquels j'ai travaillé sont venus me trouver. Je ne les citerai pas mais ils font partie du CAC 40 [68]. Cela vous paraîtra incroyable – et ce n'est pas une insolence de ma part –, mais je ne travaille pas plus qu'un mi-temps pour faire vivre depuis dix ans une société qui réalise un chiffre d'affaires de 2,5 millions d'euros par an !

Bien sûr, toute chose étant impermanente, il arrive qu'un contrat s'arrête et même qu'il y ait des « coups de grisou ». Mais lorsque cela se produit, un autre gros client apparaît et le chiffre d'affaires reste stable. Quand un contrat disparaît, je ne panique pas, je sais qu'un autre repoussera tout seul !

Cela ne signifie évidemment pas que je reste les bras ballants à attendre que tout se fasse comme par magie ! Toutefois soyons honnête : je n'ai en l'occurrence pas à déployer d'harassants efforts. Il m'arrive encore d'être surpris par la fluidité avec laquelle les événements surviennent, s'emboîtant les uns dans les autres avec une cohérence absolue. Tout est simple.

Lorsque j'étais « à côté » de moi-même en m'obstinant à vouloir être un guitariste professionnel, je travaillais énormément. Je peinais.

« *Lorsqu'on agit contre soi-même et que l'on prend une voie qui n'est pas la sienne, on a l'impression de marcher à contre-courant d'une rivière. N'avez-vous jamais rencontré cette sensation ?*

Lorsque tout semble aller contre ce que vous êtes en train d'entreprendre et que des obstacles se mettent un à un en travers de votre route. Lorsque l'intérieur est en contradiction avec l'extérieur, c'est exactement ce qu'il se produit. L'extérieur étant un miroir de l'intérieur, la réalité ne peut pas suivre si l'intérieur n'obéit pas à la volonté du cœur[69]. »

---

[68] Cotation Assistée en Continu. Il s'agit du principal indice boursier de la Bourse de Paris.

[69] *L'Homme à la tête de chat*, pages 123 et 124.

Et de tout ce travail, rien n'est venu, si ce n'est la rencontre avec mon vrai destin.

Si cette sensation de « marcher à contre-courant d'une rivière » existe bel et bien, l'inverse fonctionne parfaitement aussi !
Lorsque vous agissez dans l'alignement de vous-même, vous avez au contraire l'impression d'être porté(e) par un courant favorable : c'est ce qu'on appelle communément « avoir le vent en poupe ».

Tout est absolument cohérent et naturel : si vous vous forcez à marcher contre le vent, ce sera plus difficile que si vous vous servez de sa force pour avancer !

L'état d'alignement avec le *moi* vous sera perceptible à ces signes extraordinaires. Ne les ignorez pas, ils sont là pour vous guider. Faufilez-vous dans les petits courants que vous identifiez ; laissez-vous porter par les courants chauds et ascendants comme le font les oiseaux.

L'apparition de l'intime conviction

Lorsque vous êtes dans l'alignement avec votre moi, vous pouvez constater ces petits miracles qui font votre vie.
Il vous faudra en observer et en accumuler un certain nombre, car c'est ainsi que vous approcherez de l'intime conviction et de la création même desdits miracles.
À ce moment de votre vie, nul besoin de moi ou d'un autre livre pour vous prouver que c'est une réalité, car cette vérité sera vôtre !

Il est par conséquent nécessaire d'acquérir de l'expérience et de vivre ces phénomènes de miracle par vous-même, afin de vous assurer qu'ils sont bien réels et de prendre conscience (ce qui est différent de comprendre intellectuellement) que tout ce qui se produit dans votre univers est lié à vous, à votre intérieur.

Permettez-moi ici d'insister : il ne suffit pas de lire mes livres ou de comprendre les petits schémas que je vous ai préparés ; vous devez expérimenter tout cela par vous-même.

Un phénomène de boucle se produira alors : plus vous accumulerez des expériences phénoménales positives, plus vous acquerrez le réflexe d'effectuer des transformations intérieures pour en obtenir des résultats. Et plus vous constaterez ces résultats étonnants, plus vous serez dans cette démarche introspective qui vous en apportera toujours davantage.

À force, vous deviendrez incroyablement confiant en vous, ce qui vous fera peut-être accuser d'arrogance. Votre conviction de réussir deviendra inébranlable, presque étrange aux yeux d'autrui.

Dès lors, vous entreprendrez des projets de plus en plus ambitieux, voire démesurés.

Et lorsque vous réussirez l'impensable, vous atteindrez ce que j'appelle la *métaconviction*, c'est-à-dire la conviction que votre conviction suffit d'elle-même à réaliser un miracle, à savoir l'apparition de miracles dans le monde phénoménal.

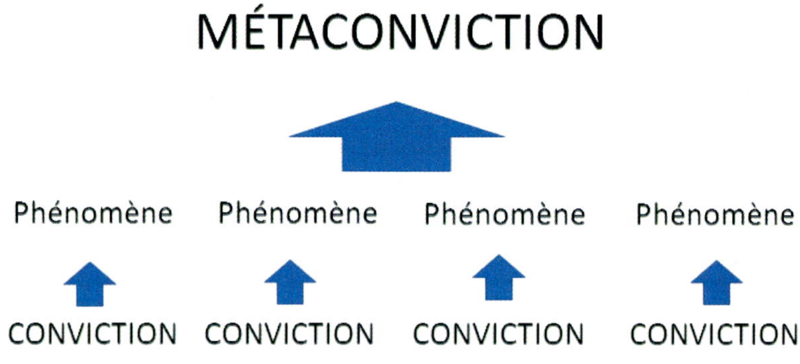

La métaconviction est la porte d'entrée vers le pouvoir de l'intime conviction : si vous devenez pleinement convaincu(e) que votre propre conviction, votre propre volonté modélisent votre univers, vous arriverez à le faire en pleine conscience.

Les miracles qui se produiront sous vos yeux ne seront plus aléatoires ou issus d'une attraction incontrôlée, mais bien le résultat d'une action consciente depuis votre intériorité.

Il est temps à présent de revenir à mon *petit sanctuaire intérieur*. Car c'est en cet endroit que tout se passe : les lignes de commandes doivent s'inscrire sur les tablettes qui ornent les murs de ce sanctuaire divin.

Ainsi que je l'ai expliqué dans le chapitre précédent, il existe bien une zone à laquelle on accède lors d'un état méditatif, permis notamment par des exercices spirituels et/ou la récitation de prières et/ou de mantras. J'ai nommé la mienne *petit sanctuaire intérieur* – à vous de lui trouver une désignation propre.

Mais cet espace sera selon moi insuffisant dans son efficacité si vous n'avez pas atteint l'état psychique de métaconviction, avec toutes les étapes que cela présuppose.

Car si vous n'y croyez qu'à moitié, et que votre conviction (votre foi, pourrait-on dire) n'a pas atteint le degré *méta*, vous resterez en lisière de tout.

Au-delà d'un simple mode opératoire, il vous faut acquérir la métaconviction, cette foi profonde que vous êtes le dieu créateur de votre univers, comme le démontre la *Théorie du projecteur*.

La théorie du projecteur : une posture cartésienne

C'est comme ça que j'y suis arrivé, à partir d'une vérité toute simple qui collait à mon esprit cartésien, lequel exige une démonstration pour toute chose.

Ayant mis en ligne une vidéo expliquant que Descartes n'est pas incompatible avec la spiritualité, j'ai reçu de violentes réactions de la part de gens qui croient qu'être cartésien, c'est être fermé à toute chose ésotérique.

Il faut avoir lu le *Discours de la méthode* et s'être intéressé de près à ce génie pour comprendre qu'il n'en est rien.

Une majorité de personnes utilisent le mot « cartésien » sans avoir lu Descartes. Elles en déduisent qu'il est à l'opposé de la métaphysique, alors que selon moi, il compte parmi les plus érudits en la matière que la Terre ait portés.

N'a-t-il pas apporté sa propre démonstration de l'existence de Dieu et de l'âme humaine ?

« *Et remarquant que cette vérité : je pense, donc je suis, était si ferme et si assurée, que toutes les plus extravagantes suppositions des sceptiques n'étaient pas capables de l'ébranler, je jugeai que je pouvais la recevoir, sans scrupule, pour le premier principe de la philosophie, que je cherchais.* »

Dans son approche métaphysique, la *Théorie du projecteur* s'appuie sur exactement la même posture que celle de Descartes.
Je suis parti d'une vérité, d'un axiome qui rend ma théorie « ferme et assurée » : « Il n'y a pas de monde sans observateur. »
Cela m'a permis d'en déduire une série de conséquences, comme le fait que je suis le dieu créateur de mon univers.

Pourquoi faire ce rapprochement avec René Descartes ?
Tout simplement pour énoncer ici que c'est en partant de fondements inébranlables que l'on construit un raisonnement. C'est ainsi que je fonctionne et j'encourage tout un chacun à m'imiter, notamment pour se protéger des discours produits par les sectes.
Ne tombez pas dans leurs panneaux !
J'ai osé écrire le présent livre et affirmer que l'on peut créer des miracles parce que je suis absolument convaincu par mon axiome de départ : « Il n'y a pas de monde sans observateur. » C'est, je le répète, une vérité irréfutable, inébranlable.
Je suis donc moi-même dans une démarche honnête envers vous puisque je suis *métaconvaincu* par ce que j'écris.

Je ne prends à ce titre aucun risque avec *Le pouvoir de l'intime conviction* et suis prêt à affronter toutes les critiques et le scepticisme, comme René Descartes l'était – sans prétendre cependant me comparer à lui, vous l'aurez compris !

Pour mémoire, René Descartes est mort en 1650, à l'âge de cinquante-quatre ans.
Si l'on considère que ses travaux ont réellement débuté quand il avait une vingtaine d'années, cela signifie qu'en à peine trente ans il a révolutionné les mathématiques, la physique et une partie de la biologie grâce à sa méthode scientifique. Il est aussi considéré comme l'un des fondateurs de la philosophie moderne. Près de quatre cents ans après sa mort, son nom est partout – en témoigne notamment l'Université Paris-Descartes…

Miracle ou pas miracle ?

Quand j'observe nos simples vies, songeant à la quasi-stérilité de la mienne en regard de pareille destinée, je suis simplement en admiration, mais surtout convaincu qu'il y a bien quelque chose…

Conclusion

« L'existence est donc un état tout à fait relatif au fait que l'on perçoit l'objet de celle-ci[70]*.»*

[70] *L'Homme à la tête de chat*, page 100.

La conscience atomique

Comme vous l'avez constaté, j'ai écrit ce livre avec la volonté farouche de me rapprocher d'une extrême simplicité.

Tout d'abord, je n'ai pas la prétention d'être un grand sachant. Quand j'étais jeune, ma mère m'a poussé à passer mon bac. J'ai séché les cours de philo en classe de terminale et n'ai rien révisé pour l'oral du bac de français – bien entendu, mon exemple n'est pas à suivre en l'occurrence !

Je n'ai pas fait d'études supérieures ni fréquenté l'université. Le goût de m'instruire, de lire Descartes ou des ouvrages sur le bouddhisme, m'est venu bien plus tard, lorsque j'en ai eu envie par moi-même et que je me suis senti apte à retirer quelque chose de ces lectures.

Mes proches sont des personnes simples. Je n'ai pas dit « idiotes », mais « simples ». Je n'écoute pas ceux qui se prennent pour de grands intellectuels, se gargarisant de mots savants qui les rendent inaccessibles – enveloppés qu'ils sont par des couches de snobisme et ne se rendant même pas compte que plus personne ne les entend.

Mais en matière de simplicité, j'irai ici beaucoup plus loin dans mes propos que j'assume pleinement.

Tourmenté par les questions existentielles dès l'adolescence, j'ai toujours cherché la vérité, démarche qui me semble du plus grand intérêt.

J'ai donc parcouru tout un chemin pour prendre conscience aujourd'hui que toutes les vérités se cachent dans la forme la plus simple des choses. Plus on se rapproche de la nudité, de la granularité, plus on regarde l'atome à la loupe et plus on se rend compte qu'il contient le divin.

« Heureux les pauvres en esprit, car le Royaume des cieux est à eux[71]. »

Mon interprétation de cette phrase de Jésus est la suivante : c'est en se rapprochant de la simplicité à l'état pur que l'on ouvre le « Royaume des cieux », ou encore que l'on touche le divin.

Ma démarche consiste donc à me dépouiller de toute complexité, à me débarrasser volontairement de toute surcharge intellectuelle superflue pour toucher la vérité.

La *Théorie du projecteur* repose, je le rappelle, sur un axiome :

« Il n'y a pas de monde sans observateur. »

On en déduit : « Chacun est le dieu créateur de son univers. »

Et si je le ramène à moi, comme chacun peut le faire :

« JE SUIS DIEU. »

Et toi aussi, lecteur, tu es DIEU.

OUI, JE M'ADRESSE À TOI PRÉCISÉMENT, TOI QUI LIS CES MOTS EN CE MOMENT, DEPUIS CETTE CARCASSE QUI TE SERT D'OBSERVATOIRE DU MONDE. CAR CE SONT TES MOTS EN RÉALITÉ, C'EST TOI QUI LES AS CRÉÉS POUR LES LIRE ET FINALEMENT COMPRENDRE QU'IL N'Y A D'AUTRE CRÉATEUR DE TON UNIVERS QUE TOI-MÊME.

[71] Matthieu 5:3. La TOB (Traduction Œcuménique de la Bible) conseille la formulation suivante : « *Heureux les pauvres de cœur : le Royaume des cieux est à eux.* » Littéralement : pauvres par l'esprit ou en esprit, qui n'est ici pas l'intelligence, mais, comme le cœur, le centre et le tout de la personne – nous est-il expliqué dans les précieuses notes de cette même TOB.

Il existe donc autant de mondes que d'observateurs dans l'univers, une infinité d'univers (puisque nous ne sommes pas seuls) et de mondes parallèles – alors que nous n'en percevons qu'un seul : le nôtre.

Existence et immortalité

De la *Théorie du projecteur*, qui part du postulat le plus simple, découle toute une série de conséquences, comme le fait d'avoir la capacité d'impacter le monde en créant des miracles.

Nous avons déjà examiné cela très en détail et il ne semble pas utile d'y revenir. Je vous propose donc un autre exemple de déduction issue de l'axiome.

« *L'existence est donc un état tout à fait relatif au fait que l'on perçoit l'objet de celle-ci*[72].»

Autrement dit, l'existence de toute chose tient au fait qu'on la perçoit.

Il existe près de 8 milliards d'êtres humains qui vivent et respirent en ce moment, partout et à l'autre bout de la Terre.

Pour la plupart, vous ne les rencontrerez ni ne les verrez jamais. Ils existent « théoriquement » : leur nom ou leur matricule figure sur un registre.

Pensez également à l'inconnu(e) qui est assis(e) en face de vous dans les transports en commun. Il est étrange de constater qu'il ou elle n'a le visage de personne. Vous ne l'avez jamais vu(e), et à la prochaine station, il ou elle partira : vous ne le ou la reverrez sans doute jamais. Je me suis toujours étonné de la faculté qu'a le génome humain à fabriquer autant de visages toujours nouveaux, d'être aussi inventif et original au plus haut point.

À moins que ce ne soit qu'une question de mémoire ? L'inconnu(e) des transports en commun existe le temps de quelques stations de bus ou de métro, et puis nous l'oublions, il ou elle n'existe plus.

---

[72] *L'Homme à la tête de chat*, page 100.

En revanche, je n'oublierai jamais le visage de celle qui m'a enfanté pour partir vingt ans plus tard. Je l'aimerai toute ma vie. Et tous les jours, je la vois, je la visualise ; elle me parle, même.

Elle existe, contrairement à l'inconnu(e) cité(e) plus haut, ou à celui qui marche sur un autre continent, ou encore à tous ces braves tombés au cours des guerres, dont le nom vient orner une stèle en marbre sur la place d'un village que je ne connais pas.

Conclusions :

- ➔ Un être mort physiquement existe plus fort que celui qui existe matériellement à l'autre bout de la Terre et qu'on ne voit pas.

- ➔ Les êtres qui sont présents dans nos pensées et dans notre cœur sont immortels, contrairement à ceux qu'on ne perçoit pas ou qu'on oublie, et qui sont comme morts.

Cette simple déduction permet de développer à elle seule un arbre de conséquences et mériterait l'écriture d'un autre ouvrage, en vue d'approfondir ce sujet susceptible de bouleverser notre conception de l'existence.

Le libre arbitre

Vous pouvez très bien ne pas adhérer du tout à la *Théorie du projecteur.*

Vous pouvez penser de moi que je suis un illuminé ou un grand mystique.

Au fond peu importe, car il ne s'agit plus de ma vie mais de la vôtre. Je ne fais que partager ici mon point de vue et des informations que je tiens pour vraies, rien de plus.

J'ai cependant osé exprimer ce point de vue de façon parfois très affirmée, en évoquant notamment le « bon sens de la vis », et en expliquant dans ce chapitre qu'aller chercher dans le monde extérieur une responsabilité à nos maux intérieurs, ou une solution pour les soigner, est illusoire.

Je suis désolé si j'ai pu choquer certains lecteurs, mais je ne peux écrire le contraire de ce que je pense profondément, et encore moins vous cacher ce que je tiens pour vérité.

Je viens de lire à l'instant ces mots du Dalaï Lama :

« *Mais parallèlement, même dans les pays les plus fortement développés sur le plan scientifique, les êtres humains ont continué, c'est évident, à faire l'expérience de la souffrance, en particulier au niveau émotionnel et psychique. Si la science peut fortement contribuer à réduire la souffrance au niveau physique, nous ne pouvons toutefois commencer à affronter et à surmonter notre souffrance mentale* ***qu'en cultivant les qualités du cœur et en transformant nos attitudes***[73]. »

Nul besoin cependant de m'appuyer sur le Dalaï Lama ou sur Lao Tseu pour affirmer que, toujours selon la *Théorie du projecteur*, c'est par l'intérieur que doit commencer la transformation pour que l'extérieur s'aligne naturellement sur l'intérieur.

Mais le simple bon sens irait aussi très bien :

Imaginons que vous vouliez changer le monde. Qu'y aurait-il de plus simple à modifier ? Tous les éléments qui composent le monde extérieur ou bien vous-même ?

Nous pouvons donc parfaitement continuer à subir notre vie et tout ce qui nous arrive, ou alors en prendre le contrôle en changeant – *nous*.

Me consacrer à l'écriture d'un ouvrage dont le but aurait consisté à prétendre que tout est fortuit et que « dans la vie, on fait ce qu'on peut, pas ce qu'on veut[74] » n'aurait eu pour moi aucun intérêt.

[73] *Tout l'univers dans un atome : Science et Bouddhisme, une invitation au dialogue*, Sa Sainteté le Dalaï Lama. *Op. cit.* page 16 du présent ouvrage.

[74] « Le Blues du Businessman », *in* : *Starmania. Op. cit.* page 28 du présent ouvrage.

Néanmoins, *Le Pouvoir de l'intime conviction* n'est pas un manuel de magie noire ou un mode d'emploi pour jeter des sorts. Il a été écrit dans un but bienveillant : permettre au plus grand nombre d'être heureux, d'avoir la vie rêvée.

J'ai l'intime conviction, après avoir observé les réactions positives qui ont suivi la parution de *L'Homme à la tête de chat*, que certain(e)s d'entre vous trouveront ici – dans ce qui n'est autre qu'un développement de ce roman – une source d'épanouissement personnel.

Et je vais vous choquer ou vous faire rire, mais tant pis, car il faut que vous sachiez jusqu'au bout comment je fonctionne :

J'ai l'intime conviction que ce livre sera un énorme best-seller traduit dans toutes les langues !

Parce que je suis dieu.
Parce que c'est moi qui crée mon univers.
Et donc il en sera ainsi.
Parce que je le désire.
Pour le bonheur de tous les êtres.
Etc. [75]

[75] Exemple de mantra dont je suis l'auteur.

Ce livre a été fabriqué en France, en privilégiant les circuits courts
afin de limiter son empreinte écologique.
Imprimerie certifiée IMPRIM'VERT.

Achevé d'imprimer en octobre 2019
sur les presses de Maqprint - 43 Rue Ettore Bugatti 87280 Limoges
pour Terre En Ciel Éditions
5, rue des Allumettes, 13090 Aix-en-Provence
www.terre-en-ciel.com

ISBN : 978-2-9563380-8-6
Dépôt légal : octobre 2019